# Kleine Beträge clever anlegen

## Aus wenig Geld das Beste machen

1. Auflage, April 2010, 8.000 Exemplare
© Verbraucherzentrale NRW, Düsseldorf

Das Werk einschließlich aller seiner Teile ist urheberrechtlich geschützt. Jede Verwertung, die nicht ausdrücklich vom Urheberrechtsgesetz zugelassen ist, bedarf der vorherigen Zustimmung der Verbraucherzentrale NRW. Das gilt insbesondere für Vervielfältigungen, Bearbeitungen, Übersetzungen, Mikroverfilmungen und die Einspeicherung und Verarbeitung in elektronischen Systemen. Das Buch darf ohne Genehmigung der Verbraucherzentrale NRW auch nicht mit (Werbe-)Aufklebern o. Ä. versehen werden. Die Verwendung des Buches durch Dritte darf nicht zu absatzfördernden Zwecken geschehen oder den Eindruck einer Zusammenarbeit mit der Verbraucherzentrale NRW erwecken.

ISBN 978-3-940580-48-1
Printed in Germany

# Inhalt

5 **So nutzen Sie dieses Buch**

9 **Anlageformen**

## 1
10 **Was Banken und Bausparkassen zu bieten haben**

12 Warum die Einlagensicherung so wichtig ist
14 Sparkonto: nur noch in Ausnahmefällen attraktiv
15 Tagesgeld: idealer Parkplatz für die eiserne Reserve
17 Festgeld: weniger Flexibilität, mehr Zins
18 Sparbrief: lange Bindung mit Extrarendite
20 Einmalanlage mit steigendem Zins
21 Ratensparverträge: Geld sammeln für künftige Anschaffungen
24 Bausparen: ohne staatlichen Zuschuss nur magere Erträge

## 2
27 **Sparen mit Bundeswertpapieren**

28 Gebühren sparen mit der Deutschen Finanzagentur
30 Tagesanleihe: die Alternative zum Tagesgeldkonto
31 Bundesschatzbrief: der Klassiker mit dem Zinstreppchen
32 Finanzierungsschätze: das Festgeld des Bundes
33 Bundesobligationen: feste Laufzeit mit Hintertür

## 3
35 **Investmentfonds**

36 So funktionieren Fonds
38 Aktienfonds: große Chancen, hohes Risiko
41 Rentenfonds
43 Geldmarktfonds
44 Offene Immobilienfonds
46 Mischfonds
48 Dachfonds
49 Chancen und Risiken im Überblick

## 4
51 **Wie Vater Staat beim Sparen hilft**

52 Riester-Rente
58 Betriebliche Altersvorsorge
63 Rürup-Rente
64 Vermögenswirksame Leistungen (vL)

# Inhalt

- **5**
- 71 **Gold und andere Rohstoffe**

- **6**
- 75 **Worauf Sie verzichten können**
- 76 Kapitalbildende Lebens- und Rentenversicherungen
- 76 Fondsgebundene Versicherungen
- 77 Anlagezertifikate
- 78 Geschlossene Fonds
- 79 Privatplatzierungen
- 81 Direktanlage in Wertpapiere bei kleineren Anlagesummen

- 83 **So planen Sie richtig**

- **7**
- 85 **Die Spielregeln beim Anlegen**
- 86 So haben Sie Einnahmen und Ausgaben im Griff
- 90 Wie Sie Ihre Sparziele festlegen
- 92 Welche Rolle die Steuern spielen
- 93 Die passenden Anlageformen zu den einzelnen Sparzielen

- **8**
- 97 **Vergleichen bringt Geld**
- 98 Die besten Zinsangebote finden
- 100 Investmentfonds richtig vergleichen
- 105 Worauf Sie bei staatlich geförderten Sparprodukten achten sollten

- **9**
- 109 **Die Tricks der Banken und Finanzverkäufer**
- 110 Wer von den »Superangeboten« wirklich profitiert
- 113 Wo der Totalverlust droht

- **10**
- 117 **Die besten Regeln für Ihren Erfolg**

- 121 **Service**
- 122 Adressen der Verbraucherzentralen
- 123 Stichwortverzeichnis
- 126 Impressum

## So nutzen Sie dieses Buch

Finanzplanung lohnt sich nur für Wohlhabende und Gutverdiener, glauben viele Verbraucher. Irrtum: Schon bei kleinen Anlagebeträgen entscheidet die richtige oder falsche Strategie am Ende über viel Geld.

Wer eine sinnvolle und durchdachte Anlagestrategie erarbeiten und die optimalen Anlageprodukte finden will, muss dafür viel Zeit investieren und mühevoll Finanzkenntnisse erwerben, meinen viele Anleger. Schon wieder ein Irrtum: Vor allem die komplizierten Finanzprodukte sind meist sowieso überflüssig, und mit der Konzentration auf die wirklich wichtigen Anlageformen lässt sich innerhalb kurzer Zeit ein vernünftiges Geldkonzept aufstellen.

Dieses Buch soll Sie – und damit sind in erster Linie die sogenannten Kleinanleger gemeint – vom ersten Schritt an begleiten. Der Begriff »Kleinanleger« sollte übrigens nicht negativ aufgefasst werden, betrifft er doch einen großen Teil der Bundesbürger, die mit monatlichen Sparraten von 25 bis 100 Euro oder Einmalanlagen ab 500 Euro ein finanzielles Polster aufbauen wollen.

In diesem Buch erfahren Sie auf einfache und verständliche Weise, welche Anlageprodukte für einzelne Sparziele infrage kommen, wie sie funktionieren und welche Nebenkosten, Renditechancen und Verlustrisiken mit ihnen verbunden sind. Darüber hinaus hilft Ihnen der Ratgeber, das Geldpuzzle richtig zusammenzusetzen. Hier wird Ihnen gezeigt, wie mit ein paar einfachen Grundregeln eine solide Finanzplanung aufgebaut werden kann, mit welchen Tricks Sie Ihre Kosten senken und mehr Ertrag aus Ihren Geldanlagen herausholen können und wo Verlustfallen lauern.

Dass manche populäre Themen wie Aktientipps, Anlagezertifikate oder Steuersparmodelle weggelassen oder nur am Rande gestreift werden, ist kein Zufall: Der Ratgeber konzentriert sich auf die Fragen, die für den Normalsparer mit den bereits erwähnten Anlagesummen wirklich wichtig sind. Wenn dank der erfolgreichen Umsetzung der hier zu findenden Tipps das Vermögen gewachsen ist, können Sie Ihre Geldbibliothek mit den passenden Ratgebern Ihrer Verbraucherzentrale entsprechend nachrüsten.

Vor dem Einstieg in die Finanzthemen kommt auf den folgenden Seiten noch eine kurze **Anleitung**, wie Sie dieses Buch richtig einsetzen und optimal nutzen. Zunächst nochmals die Definition des »kleinen Geldes«: Es geht um die Möglichkeiten, die Ihnen ab einer monatlichen Sparrate von 25 Euro oder ab einer Einmalanlage von 500 Euro offenstehen. Dabei ist zu berücksichtigen, dass es bei manchen Anlageprodukten zwar keine Untergrenze gibt, aber wegen hoher Fixkosten die Anlage kleiner Beträge sinnlos ist.

### Beispiel

Sie können zwar eine einzelne Aktie für 50 Euro kaufen – aber wenn dabei 10 Euro Mindest-Ordergebühr und jährlich 20 Euro Depotgebühr anfallen, haben die Kosten den größten Teil des Kurswerts schon aufgefressen.

In Infoteil **Anlageformen** ab Seite 9 erhalten Sie einen Überblick über die wichtigsten Spar- und Anlageprodukte, die für Kleinanleger überhaupt infrage kommen. Für die erste schnelle Einstufung ist jedes Produkt mit Bewertungen zu bestimmten Kriterien versehen. Auf diese Weise können Sie je nach Ihrem Anlageziel schnell und zielgerichtet die infrage kommenden Anlageprodukte herausfiltern. Die Aufteilung ist ganz einfach:

★★★ = sehr gut geeignet bzw. trifft voll zu
★★☆ = bedingt geeignet bzw. trifft teilweise zu
★☆☆ = kaum geeignet bzw. trifft eher nicht zu
☆☆☆ = ungeeignet bzw. trifft überhaupt nicht zu

Zum Einsatz kommen die folgenden Kriterien:

**Hohe Renditechance.** Hier sehen Sie, ob Ihnen – mit etwas Glück – dieses Anlageprodukt eine vergleichsweise hohe Rendite verschafft. Allerdings kann es auch vorkommen, dass die Rendite hinter den Erwartungen zurückbleibt oder bei einem Produkt mit wenig Anlagesicherheit sogar ein Verlust entsteht. Daher sollten Sie diesen Punkt stets in Zusammenhang mit dem folgenden Kriterium der Anlagesicherheit betrachten.

**Hohe Anlagesicherheit.** Je weniger Sterne Sie hier finden, umso größer ist für Sie das Verlustrisiko.

**Ohne Verluste schnell verfügbar.** Hier wird nicht nur die formale Möglichkeit der schnellen Liquidierung geprüft, sondern auch die Gefahr eines damit verbundenen Verlusts. So können Sie beispielsweise Anteile an Aktienfonds von heute auf morgen verkaufen, aber in schlechten Börsenzeiten fahren Sie dann einen Verlust ein – und das gibt Abzug.

**Gut zu vergleichen.** Wenn Sie auf einen Blick nur Zinssätze einander gegenüberstellen müssen, handelt es sich um transparente und leicht zu vergleichende Produkte. Abzüge gibt es für Anlageformen mit komplexen Kostenstrukturen und schwierig abzuschätzenden Renditeerwartungen.

**Frei von Zusatzkosten.** Bei Anlageprodukten, die hier nicht die Höchstbewertung von drei Sternen vorweisen können, sollten Sie unbedingt auf eventuell anfallende Verwaltungshonorare, Depotgebühren, Ausgabeaufschläge oder sonstige Extrakosten achten.

**Sparplan und Einmalanlage.** Zu guter Letzt wird Ihnen noch gezeigt, ob die Anlageformen für Sparpläne, Einmalanlagen oder idealerweise für beide Varianten angeboten werden.

**Geldreserve, Sparen auf Anschaffungen, Altersvorsorge und Vermögensbildung.** Auf einen Blick sehen Sie hier, für welches der vier wichtigsten Einsatzgebiete das betreffende Anlageprodukt in Frage kommt.

Damit die Auswahl kein Stückwerk bleibt, bietet Ihnen der **Strategieteil »So planen Sie richtig«** ab Seite 83 die Anleitung für den Aufbau Ihrer persönlichen Anlagestrategie. Nachdem Sie aus der Lektüre von Teil 1 wissen, mit welchen Eigenschaften einzelne Anlageformen glänzen (oder auch nicht glänzen), führt Sie der anschließende Teil in die praktische Umsetzung hinein. Sie lernen, Ihre Anlageziele richtig zu sortieren und die Prioritäten dort zu setzen, wo sie hingehören. Und Sie erhalten geldwerte Tipps zum Vergleich der einzelnen Angebote von Banken und anderen Finanzanbietern.

# Anlageformen

# 1 Was Banken und Bausparkassen zu bieten haben

Banken sind die klassische Anlaufstelle, wenn es um die Geldanlage geht. Was Ihnen dort angeboten wird, lässt sich zunächst einmal in zwei Kategorien einteilen: die von der Bank selbst bereitgestellten Anlageprodukte und die Produkte, die von der Bank im Auftrag Dritter – zum Beispiel Versicherungen oder Investmentgesellschaften – vermittelt werden. In diesem Kapitel geht es um die erste Kategorie, in der sich die wohlbekannten Sparangebote befinden.

Zwar handelt es sich um recht einfach gestrickte Produkte. Gleichwohl sollten Sie die Konditionen sorgfältig vergleichen. Auch wenn der Unterschied zwischen 1 Prozent und 2 Prozent Zins scheinbar gering ist: Wenn Sie das bessere Angebot wählen, haben Sie den doppelten Gewinn. Schon bei einer Anlagesumme von 2.000 Euro geht es auf Sicht von fünf Jahren um 100 Euro, die Sie selbst kassieren oder der Bank schenken.

## Warum die Einlagensicherung so wichtig ist

Bevor Sie sich an die Auswahl der einzelnen Angebote machen, sollten Sie die wichtigsten Fakten zur Einlagensicherung kennen. Hierbei handelt es sich um einen »Feuerwehrfonds«, der im Fall einer Bankenpleite dafür sorgt, dass die Sparer ihr Geld wieder zurückbekommen. In Deutschland gibt es drei große Sicherungssysteme: Jeweils eins ist für Privatbanken, Sparkassen und Genossenschaftsbanken zuständig.

**Privatbanken:** Voraussetzung für die Teilnahme an der Sicherungseinrichtung ist die Mitgliedschaft der Bank im Bundesverband deutscher Banken (BdB). Abgesichert sind pro Kunde 30 Prozent des haftenden Eigenkapitals der Bank – und damit liegt die Sicherungsgrenze schon für Kunden kleinerer Banken im Millionenbereich. Welche Banken dem Einlagensicherungsfonds beim BdB angehören, können Sie unter www.bankenverband.de abrufen.

**Genossenschaftsbanken:** Die genossenschaftlichen Volks-, Sparda- und Raiffeisenbanken verfügen über einen eigenen Garantiefonds, der bei Not leidenden Instituten die Liquidität sichert. Darüber hinaus gibt es den sogenannten Haftungsverbund. Hier springen die Mitglieder füreinander ein, wenn ein Institut in Schieflage gerät.

**Sparkassen:** Hier gibt es derzeit eine Übergangslösung. Teils gilt noch die sogenannte Gewährträgerhaftung von Kommunen und Landkreisen, die jedoch nach dem Willen der EU abgeschafft werden muss. Diese Haftung wird ohne Sicherheitsnachteile für den Kunden schrittweise durch einen eigenen Feuerwehrfonds ersetzt.

Allerdings gibt es auch Ausnahmen. Nicht alle deutschen Banken gehören einer verbandseigenen Sicherungseinrichtung an – und dann springt nur die von der EU geforderte gesetzliche

Mindestsicherung ein. Dabei gibt es eine Stufenregelung: Bis Ende 2010 liegt der Mindestschutz bei 50.000 Euro pro Anleger, ab 2011 wird die Mindestsicherung auf 100.000 Euro ansteigen. Bei der Kontoeröffnung müssen solche Institute, die nur die Mindestsicherung bieten, den Neukunden auf den reduzierten Anlegerschutz hinweisen. Klarheit über die Einlagensicherung finden Verbraucher in den Allgemeinen Geschäftsbedingungen (AGB), wo üblicherweise der letzte Passus Aufschluss über die Einlagensicherung gibt.

Entscheidend ist auch der rechtliche Sitz der Bank. Die deutschen Einlagensicherungssysteme der Privatbanken, Sparkassen und Genossenschaftsbanken greifen nämlich nur dann, wenn das Geldinstitut seinen Hauptsitz in Deutschland hat. Liegt der Stammsitz im Ausland, ist im Fall einer Bankenpleite die dortige Finanzaufsicht zuständig. Dem deutschen Recht unterliegen viele Niederlassungen ausländischer Finanzkonzerne wie Cortal Consors, ING DiBa oder Santander Direktbank, die als rechtlich eigenständige Gesellschaft in Deutschland firmieren und Mitglied im BdB sind.

> [ ] **Tipp: Der Sicherheit den Vorzug geben**
>
> Wenn Sie auf Nummer sicher gehen wollen, sollten Sie auf die oft ohnehin nur geringfügigen Zinsvorteile von Auslandsbanken verzichten und sich bei Vergleich und Auswahl auf die Banken konzentrieren, die Ihnen einem umfassenden inländischen Schutz Ihres Guthabens bieten.

Seit einiger Zeit drängen jedoch vermehrt kleinere ausländische Banken auf den deutschen Markt, um mit oft hochverzinsten Tagesgeld- und Sparangeboten Anleger zu gewinnen. Weil die Gründung einer Aktiengesellschaft oder GmbH nach deutschem Recht teuer und aufwendig ist, verzichten diese Institute auf die juristisch selbstständige Tochtergesellschaft in Deutschland und eröffnen lediglich unselbstständige Niederlassungen.

So etwa die türkisch-niederländischen Banken Credit Europe Bank (vormals Finansbank) oder Demir Halk Bank: Diese Institute operieren von den Niederlanden aus und unterliegen der dortigen Einlagensicherung. Diese liegt zwar bei 100.000 Euro. Doch im Fall einer Bankenpleite müssten Sie Ihre Ansprüche bei der niederländischen Zentralbank geltend machen.

## Sparkonto: nur noch in Ausnahmefällen attraktiv

| | | | |
|---|---|---|---|
| Hohe Renditechance | ☆☆☆ | Einsatzgebiete: | |
| Hohe Anlagesicherheit | ★★★ | Geldreserve | ★★★ |
| Ohne Verluste schnell verfügbar | ★★☆ | Sparen auf Anschaffungen | ★★☆ |
| Gut zu vergleichen | ★★★ | Altersvorsorge | ☆☆☆ |
| Frei von Zusatzkosten | ★★★ | Vermögensbildung | ☆☆☆ |
| Sparplan | ★★★ | | |
| Einmalanlage | ★★★ | | |

Das Sparkonto ist eines der ältesten Anlageprodukte der Bankenbranche und ebenso angestaubt wie erfolgreich: Rund eine halbe Billion Euro – in Zahlen: 500.000.000.000 Euro – bunkern bundesdeutsche Anleger auf ihren Sparkonten. Maßgebend für den Erfolg sind wohl eher Tradition und Bequemlichkeit als nüchternes Profitdenken, denn das Sparkonto ist zwar eine sichere, aber meist äußerst schlecht verzinste Anlageform.

Eine Mindestanlagesumme gibt es beim Sparkonto nicht. Ausgestattet sind die Sparkonten mit einem variablen Zins, dem sogenannten Spareckzins. Wie hoch dieser ist, legt jede Bank nach eigenem Gutdünken fest. Viele Geldinstitute scheinen dabei zu testen, wo die Schmerzgrenze der Anleger liegt – denn nicht selten könnten Sparbuchbesitzer mehr als den doppelten Zins erwirtschaften, wenn sie ihr Guthaben auflösen und auf ein Tagesgeldkonto umschichten.

Im Vergleich zum Tagesgeld hat das Sparbuch sogar einen deutlichen Nachteil. In der Regel können Sparer nur Beträge bis maximal 2.000 Euro pro Monat einfach so abheben. Bei größeren Summen müssen Verbraucher zwischen zwei Übeln wählen: Das Geld muss entweder mit einer Frist von drei Monaten gekündigt werden, oder dem Sparer wird bei vorzeitigem Zugriff auf größere Summen vom ohnehin schon mickrigen Betrag noch der »Vorschusszins« als Strafzins abgezogen. Der Zinssatz beträgt einen bestimmten Bruchteil des normalen Guthaben-Zinssatzes und wird für den Zeitraum berechnet, der bis zum Ende der Kündigungsfrist ansteht. Wurde der Betrag nicht gekündigt, wird der Zeitraum auf die volle Kündigungsfrist angesetzt.

**Fazit:** Lassen Sie sich nicht davon täuschen, dass noch immer so viele Bundesbürger auf das überkommene Sparbuch setzen. Wenn viele das Gleiche tun, muss es noch lange nicht das Richtige sein. Verzichten Sie daher zugunsten eines deutlich besser verzinsten Tagesgeldkontos auf diese unrentable Anlageform. Ausnahme: Wenn eine Bank für ein Sparbuch im Vergleich zu Tagesgeldkonten einen deutlich höheren Zins bietet und Ihnen das Abhebungslimit von 2.000 Euro monatlich nichts ausmacht, können Sie zugreifen. Doch solche Angebote sind äußerst selten.

## Tagesgeld: idealer Parkplatz für die eiserne Reserve

| | | | |
|---|---|---|---|
| Hohe Renditechance | ★☆☆ | **Einsatzgebiete:** | |
| Hohe Anlagesicherheit | ★★★ | Geldreserve | ★★★ |
| Ohne Verluste schnell verfügbar | ★★★ | Sparen auf Anschaffungen | ★★☆ |
| Gut zu vergleichen | ★★★ | Altersvorsorge | ☆☆☆ |
| Frei von Zusatzkosten | ★★★ | Vermögensbildung | ☆☆☆ |
| Sparplan | ★★★ | | |
| Einmalanlage | ★★★ | | |

Das Tagesgeldkonto ist eine einfach zu handhabende und sehr flexible Anlagemöglichkeit und ideal für die kurzfristig verfügbare Geldreserve. Die Verzinsung ist variabel und richtet sich nach den Marktzinsen für kurzfristige Geldgeschäfte. Obwohl der Zins im Vergleich zum Sparkonto meist deutlich höher ist, bringt Ihnen das Tagesgeldkonto mehr Flexibilität: Es gibt weder ein monatliches Limit bei der Verfügung noch eine Kündigungsfrist beim Abruf höherer Beträge. Wenn nötig, kann das komplette Guthaben von heute auf morgen abgerufen werden. Die meisten Geldinstitute verlangen keine Mindestanlagesummen, bei manchen Banken richtet sich jedoch die Höhe der Zinsen nach dem Guthaben: Je mehr Geld auf dem Konto ist, umso höher ist der Zins.

> **▶ Vorsicht!**
>
> Achten Sie beim Vergleichen auf Folgendes: Zwar werden Tagesgeldkonten in den allermeisten Fällen kostenlos geführt, doch manche Banken verlangen Überweisungsgebühren beim Geldabruf. Vor allem bei kleineren Anlagebeträgen und häufigen Transaktionen kann das die Rendite empfindlich schmälern.

Die Geldanlage erfolgt per Überweisung von jedem beliebigen Konto aus, und der Abruf kann je nach Geldinstitut telefonisch, per Internet oder persönlich in der Filiale erfolgen. Die Rücküberweisung erfolgt immer auf das sogenannte Referenzkonto, das bei der Kontoeröffnung angegeben wird und nur schriftlich und eigenhändig unterschrieben geändert werden kann. Damit wird verhindert, dass im Fall des Missbrauchs eines Online-Tagesgeldkontos das Geld auf ein fremdes Konto transferiert werden kann. Als Referenzkonto geben Sie in aller Regel das eigene Girokonto an.

# Festgeld: weniger Flexibilität, mehr Zins

| | | | |
|---|---|---|---|
| Hohe Renditechance | ★☆☆ | Einsatzgebiete: | |
| Hohe Anlagesicherheit | ★★★ | Geldreserve | ★★☆ |
| Ohne Verluste schnell verfügbar | ★☆☆ | Sparen auf Anschaffungen | ★★☆ |
| Gut zu vergleichen | ★★★ | Altersvorsorge | ☆☆☆ |
| Frei von Zusatzkosten | ★★★ | Vermögensbildung | ☆☆☆ |
| Sparplan | ☆☆☆ | | |
| Einmalanlage | ★★★ | | |

Auf einem Festgeldkonto legen Sie – wie es der Name schon vermuten lässt – das Guthaben für einen bestimmten Zeitraum fest an. Festgelder werden üblicherweise von Banken angeboten, aber auch andere Finanzdienstleister wie beispielsweise Bausparkassen können Festgeldkonten führen. Die Mindestanlagedauer beträgt je nach Anbieter meistens 30 bis 90 Tage, die längsten Laufzeiten liegen oft bei mehreren Jahren. Während der Laufzeit bleibt der Zins unverändert. Eine vorzeitige Kündigung ist nicht möglich, die Konten werden kostenlos geführt.

Die Banken verlangen üblicherweise eine Mindestanlagesumme, die je nach Anbieter stark variiert und zwischen 500 und 10.000 Euro liegen kann. Wenn die Laufzeit mehr als ein Jahr beträgt, werden die Zinsen zumeist jährlich ausgeschüttet. Bei Fälligkeit gibt es zwei Möglichkeiten: Entweder wird das Festgeldkonto aufgelöst und der Anlagebetrag plus Zins auf das Girokonto überwiesen, oder die Anlage verlängert sich automatisch, wenn der Kunde nicht bis zur Fälligkeit die Kündigung ausspricht.

Die zweite Variante nennt man im Bankenjargon »Prolongation« – und ob eine solche vorliegt, sollten Sie beim Abschluss eines Festgeldkontos unbedingt prüfen. In diesem Fall sollten Sie den Kündigungstermin auf keinen Fall verpassen, wenn Sie vermeiden wollen, dass Sie unfreiwilligerweise erst mit gehöriger Verspätung wieder an Ihr Geld kommen.

## Sparbrief: lange Bindung mit Extrarendite

| | | | |
|---|---|---|---|
| Hohe Renditechance | ★☆☆ | Einsatzgebiete: | |
| Hohe Anlagesicherheit | ★★★ | Geldreserve | ★☆☆ |
| Ohne Verluste schnell verfügbar | ☆☆☆ | Sparen auf Anschaffungen | ★★☆ |
| Gut zu vergleichen | ★★★ | Altersvorsorge | ☆☆☆ |
| Frei von Zusatzkosten | ★★★ | Vermögensbildung | ☆☆☆ |
| Sparplan | ☆☆☆ | | |
| Einmalanlage | ★★★ | | |

Sparbriefe dienen ähnlich wie Festgeldkonten der Einmalanlage über einen festen Zeitraum. Im Vergleich zum Festgeldkonto ist die Mindestanlagesumme oft deutlich niedriger, doch dafür ist die Anlagedauer länger. Die Anlagefrist beginnt meist bei einem Jahr und kann bis zu zehn Jahre betragen. Wie lange Sie das Geld anlegen wollen, müssen Sie gleich zu Beginn entscheiden. Wie beim Festgeldkonto bleibt auch hier der Zins während der gesamten Laufzeit konstant.

Der vorzeitige Zugriff auf das Guthaben ist nicht möglich, sodass Sie sich genau überlegen sollten, ob Sie das Geld innerhalb des gewünschten Zeitraums auch wirklich nicht benötigen. Zwar können Sparbriefe während der Laufzeit übertragen werden, doch das geht nur, wenn die Bank der Transaktion ausdrücklich zustimmt.

**Bei der Zinsauszahlung gibt es zwei Varianten:**

Jährliche Ausschüttung. Hier werden die Zinsen jährlich auf das Girokonto des Sparbrief-Inhabers ausgezahlt. Das hat den Vorteil, dass auch in steuerlicher Hinsicht die Zinsen jährlich angerechnet werden und im Bedarfsfall regelmäßige Zinseinnahmen zur Verfügung stehen (mehr Informationen zur Besteuerung von Kapitalerträgen finde Sie ab Seite 92). Damit sind ausschüttende Sparbriefe beispielsweise geeignet, um im Rentenalter das Einkommen aufzubessern, ohne dass das Guthaben aufgezehrt wird. Allerdings geht dem Sparer durch die Ausschüttung der Zinseszins-Effekt verloren, weil die Zinsen nicht gleich wieder angelegt werden.

**Zinsansammlung.** Bei der Zinsansammlung werden die Zinsen nicht ausgezahlt, sondern auf dem Sparbrief angesammelt. Der Vorteil liegt darin, dass die Zinsen gleich wieder angelegt werden und die Rendite somit bei gleichem Zinssatz letztlich besser ist als bei einem ausschüttenden Sparbrief.

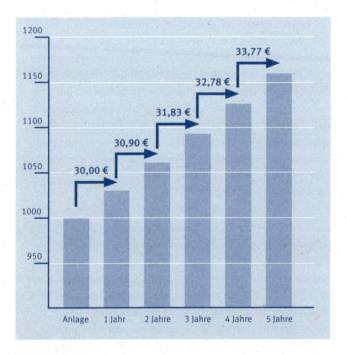

**Das Schaubild** zeigt, wie bei einem Sparbrief mit Zinsansammlung der Zinsertrag Jahr für Jahr höher, wenn 1.000 Euro fünf Jahre lang zu 3 Prozent Zins angelegt werden. Würde der Zins jährlich ausgeschüttet, könnte der Sparer jeweils am Jahresende gleichbleibend 30,- Euro einstreichen. Weil jedoch bei der Zinsansammlung der Zins am Ende jedes Jahres zum Guthaben addiert wird, erhöht sich im Folgejahr auch die Zinsgutschrift.

## Einmalanlage mit steigendem Zins

| | | | |
|---|---|---|---|
| Hohe Renditechance | ★☆☆ | Einsatzgebiete: | |
| Hohe Anlagesicherheit | ★★★ | Geldreserve | ★★☆ |
| Ohne Verluste schnell verfügbar | ★☆☆ | Sparen auf Anschaffungen | ★★☆ |
| Gut zu vergleichen | ★★☆ | Altersvorsorge | ☆☆☆ |
| Frei von Zusatzkosten | ★★★ | Vermögensbildung | ☆☆☆ |
| Sparplan | ☆☆☆ | | |
| Einmalanlage | ★★★ | | |

Die Banken nennen es »Wachstumssparen« oder »dynamisches Sparen«, und für Anleger ist es ein Kompromiss zwischen dem eher niedrig verzinsten Tagesgeld und dem unflexiblen Sparbrief. Bei diesen Produkten legen Sie Ihr Geld an, ohne dass Sie sich von vornherein für eine bestimmte Laufzeit entscheiden müssen. Um Sparer zu einer möglichst langen Anlagedauer zu motivieren, statten die Banken ihre Anlageverträge mit einem jährlich ansteigenden Festzins aus. So gibt es beispielsweise im ersten Jahr 2,0 Prozent, im zweiten Jahr 2,5 Prozent und im dritten Jahr 3,0 Prozent Zins.

Ähnlich wie Sparkonten sind diese Sparverträge auch mit einer dreimonatigen Kündigungsfrist ausgestattet. Je nach Anbieter kann es sein, dass Sie darüber hinaus noch eine sogenannte Kündigungssperrfrist in Kauf nehmen müssen. Das bedeutet: Erst nach Ablauf der Sperrfrist können Sie die Kündigung aussprechen. Damit ergibt sich der frühestmögliche Zeitpunkt der Auszahlung aus Kündigungssperrfrist plus Kündigungsfrist – **das Schaubild** zeigt die häufig vorkommende Kombination aus neun Monaten Sperrfrist und drei Monaten Kündigungsfrist.

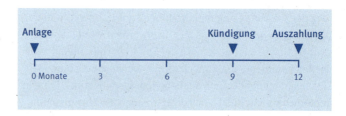

## Ratensparverträge: Geld sammeln für künftige Anschaffungen

| | | | |
|---|---|---|---|
| Hohe Renditechance | ★☆☆ | Einsatzgebiete: | |
| Hohe Anlagesicherheit | ★★★ | Geldreserve | ☆☆☆ |
| Ohne Verluste schnell verfügbar | ★☆☆ | Sparen auf Anschaffungen | ★★★ |
| Gut zu vergleichen | ★☆☆ | Altersvorsorge | ☆☆☆ |
| Frei von Zusatzkosten | ★★★ | Vermögensbildung | ★☆☆ |
| Sparplan | ★★★ | | |
| Einmalanlage | ☆☆☆ | | |

Beim Ratensparvertrag zahlen Sie eine feste monatliche Rate ein, die Mindestrate liegt je nach Bank meist zwischen 10 und 50 Euro. Die Laufzeiten bewegen sich je nach Angebot zwischen einem Jahr und 25 Jahren, wobei manche Sparverträge – insbesondere die Variante mit steigender Bonuszahlung – schon nach einem Jahr vorzeitig gekündigt werden können.

Zu unterscheiden sind **drei unterschiedliche Formen der Verzinsung:**
- variable Zinszahlung,
- feste Zinszahlung,
- variable Grundverzinsung plus laufzeitabhängiger Bonus.

Am einfachsten ist der Vergleich von Sparverträgen mit variabler oder fester Zinszahlung. Dabei sollten Sie bedenken: In Zeiten hoher Marktzinsen kann es sinnvoller sein, sich das hohe Zinsniveau mit einem Festzins-Sparvertrag zu sichern. Allerdings können Sie bei einer Festzinsklausel in der Regel nicht vorzeitig aussteigen und müssen sich genau überlegen, ob die Spardauer punktgenau zum Zeitpunkt der geplanten Anschaffung passt. Lassen Sie im Zweifel lieber einen Zeitpuffer als Reserve offen.

Die häufigste Spielart sind hingegen Ratensparverträge mit niedriger variabler Grundverzinsung und einem laufzeitabhängigen Bonus. Dabei zahlen die Kreditinstitute neben der

Grundverzinsung als »Bonbon« entweder nach jedem Laufzeitjahr oder am Ende der Gesamtlaufzeit einen Zinsbonus. Wie hoch dieser ausfällt, richtet sich nach der Dauer der Laufzeit. Faustregel: Je länger die Spardauer ist, desto höher fällt der Bonus aus.

> **▶ Vorsicht!**
>
> Die Modalitäten bei der Bonuszahlungen sind trotz scheinbar gleicher Zahlen oft sehr unterschiedlich – je nachdem ob sich die Extrazahlung auf die eingezahlten Beiträge oder nur auf die Grundverzinsung bezieht und ob der Bonus jedes Jahr oder nur einmalig bei der Auflösung des Guthabens gezahlt wird. Manche Banken sehen sogar vor, dass bei vorzeitiger Kündigung bereits gutgeschriebene Bonuszinsen wieder rückgängig gemacht werden können!
>
> Da hilft nur klare Information – nämlich vorher das Kleingedruckte aufmerksam zu lesen, sich die gewünschte Monatsrate auf unterschiedliche Laufzeiten hochrechnen zu lassen, die Kündigungsbedingungen genau zu prüfen und auf die Ausweisung des effektiven Jahreszinses zu bestehen.

Eine Beispielrechnung macht deutlich, wie unterschiedlich eine Vergleichsrechnung ausfallen kann. Im Folgenden finden Sie drei vollkommen verschiedene Angebote für eine Spardauer von fünf Jahren, von denen keins zu den »Exoten« zählt. Weil der Vergleich schon bei unveränderten Marktkonditionen eine knifflige Angelegenheit ist, wird vereinfachend unterstellt, dass sich die variable Verzinsung während der Laufzeit nicht ändert.

**Angebot 1:** Hier erhalten Sie einen variablen Grundzins von 1,25 Prozent. Dazu kommt folgende Bonusstaffel: 0 Prozent im ersten Jahr, 1 Prozent im zweiten, 2 Prozent im dritten, 4 Prozent im vierten und 6 Prozent im fünften Jahr. Der Bonus wird jeweils am Jahresende ausschließlich auf die in den zwölf Monaten zuvor geleisteten Einzahlungen gutgeschrieben.

**Angebot 2:** Der Grundzins beträgt 1,6 Prozent, dazu kommt ein »Zinsbonus« von 50 Prozent nach fünf Jahren. Das ist so zu interpretieren, dass der Grundzins rückwirkend um den Bonussatz erhöht wird.

**Angebot 3:** Hier gibt es nur eine variable Verzinsung von 2,5 Prozent. Bonuszahlungen sind nicht vorgesehen.

Damit sieht die Vergleichstabelle wie folgt aus:

|  | Angebot 1 | Angebot 2 | Angebot 3 |
|---|---|---|---|
| **Monatsrate** | 50 Euro | 50 Euro | 50 Euro |
| **Laufzeit** | 5 Jahre | 5 Jahre | 5 Jahre |
| **Sparleistung** | 3.000 Euro | 3.000 Euro | 3.000 Euro |
| **Endguthaben** | 3.175,60 Euro | 3.188,42 Euro | 3.196,50 Euro |
| **Effektivzins** | 2,24 % | 2,40 % | 2,50 % |

Überraschenderweise schneidet trotz des vermeintlich großzügigen Zinsbonus das zweite Angebot recht mau ab. Der einfache Trick der Bank: 50 Prozent von 1,6 Prozent ergeben 0,8 Prozent – und damit wird nur der niedrige Grundzins um die Hälfte auf 2,4 Prozent erhöht. Auf diese Weise kann man kleine Almosen in der Werbung groß herausstellen.

Obwohl die Angebote oft schwer miteinander vergleichbar sind, ist der Ratensparvertrag ein sinnvolles Instrument zum Aufbau einer Summe für künftige Anschaffungen. Egal ob Sie auf ein neues Auto oder auf die nächste Wohnzimmereinrichtung sparen: Wenn Sie mit einem Sparvertrag ein ausreichendes Geldpolster gebildet haben, brauchen Sie keinen teuren Ratenkredit aufzunehmen.

> **[ ] Tipp: Bei unregelmäßigem Einkommen ein Tagesgeldkonto wählen**
>
> Bei stark schwankendem Monatseinkommen empfiehlt sich das Tagesgeldkonto als Alternative zum Ratensparen. Zwar ist dort die Verzinsung meistens niedriger als bei Sparverträgen, doch dafür können Sie zu jedem be-liebigen Zeitpunkt genau den Betrag überweisen, den Sie gerade übrig haben.

## Bausparen: ohne staatlichen Zuschuss nur magere Erträge

| | | | |
|---|---|---|---|
| Hohe Renditechance | ★☆☆ | Einsatzgebiete: | |
| Hohe Anlagesicherheit | ★★★ | Geldreserve | ☆☆☆ |
| Ohne Verluste schnell verfügbar | ★☆☆ | Sparen auf Anschaffungen | ★★☆ |
| Gut zu vergleichen | ★☆☆ | Altersvorsorge | ☆☆☆ |
| Frei von Zusatzkosten | ☆☆☆ | Vermögensbildung | ☆☆☆ |
| Sparplan | ★★★ | | |
| Einmalanlage | ★★☆ | | |

Zunächst einmal in aller Kürze ein paar Fakten dazu, wie das Bausparen funktioniert: Die Bausparkasse verwaltet einen großen Topf, in den alle Bausparer ihre Beiträge einzahlen. Für die Guthaben gibt es recht niedrige Zinsen, die sich zwischen dem Niveau von Sparbuch und Tagesgeldkonto bewegen. Aus diesem Topf wird dann jährlich ein bestimmter Anteil den Bausparern wieder als Kredit zu ebenfalls verhältnismäßig niedrigen Festzinsen zur Verfügung gestellt.

Auf diesen Kredit haben die Bausparer jedoch nicht sofort Anspruch, sondern erst dann, wenn der Bausparvertrag »zuteilungsreif« ist, und das bedeutet im Klartext: Es muss sich genügend Guthaben auf dem Bausparkonto befinden (normalerweise je nach Tarif 40 bis 60 Prozent der Bausparsumme) und der Vertrag muss – je nachdem, wie schnell das Geld eingezahlt wird – etwa fünf bis neun Jahre bestehen.

Diese beiden Faktoren bringen am besten diejenigen unter einen Hut, die auf den Bausparvertrag monatlich den sogenannten Regelsparbeitrag einzahlen. Der ist je nach Tarif unterschiedlich: Schnellspartarife haben etwa 8 bis 10 Euro Regelsparbeitrag pro 1.000 Euro Bausparsumme, bei Tarifen mit langer Anspardauer sind es 3 bis 5 Euro. Wer schneller einzahlt, kommt schlechter weg, weil dann das Geld zu niedrigen Konditionen festliegt, bis der zinsgünstige Kredit zugeteilt wird. Wer weniger einzahlt, erzielt ebenfalls eine schlechtere

Rendite, weil in diesem Fall der Zeitraum zu lang wird, bis der Kredit zugeteilt werden kann.

Anspruch auf den Kredit haben Sie nur, wenn Sie den Bausparvertrag zur Finanzierung eines »wohnwirtschaftlichen Vorhabens« verwenden. Darunter fällt
- der Kauf eines Grundstücks, einer Wohnung oder eine Hauses,
- die Umschuldung einer bestehenden Baufinanzierung,
- jede Art der Sanierung, Modernisierung, Erweiterung und Erhaltung einer Immobilie.

Ein klares Negativmerkmal beim Bausparen sind die im Vergleich zur geringen Rendite oft hohen Nebenkosten. Üblicherweise wird beim Abschluss des Vertrags eine Abschlussgebühr von 1 bis 1,6 Prozent der Vertragssumme kassiert und manche Bausparkassen berechnen bei der Kreditauszahlung zusätzliche Darlehensgebühren – »Agio« genannt. Auch die Führung des Bausparkontos ist nicht bei allen Bausparkassen gebührenfrei.

Hoch ist hingegen die Sicherheit beim Bausparen, denn hier sind je nach Anbieter verschiedene Einlagensicherungssysteme zuständig. Die Bausparkasse Schwäbisch Hall beispielsweise gehört der Einlagensicherung des genossenschaftlichen Bankenverbands an, die Landesbausparkassen sind als Mitglieder des öffentlich-rechtlichen Bankensystems an das Sicherungssystem des Deutschen Sparkassen- und Giroverbandes angeschlossen. Die privaten Bausparkassen unterhalten eigene Sicherungssysteme. Alle privaten Bausparkassen sichern die Bausparguthaben in voller Höhe ohne Obergrenze ab. Bei privaten Bausparkassen, die außerhalb ihres Kerngeschäftes noch Festgelder oder ähnliche Anlageprodukte anbieten, gilt für dieses Segment eine Einlagensicherung von 250.000 Euro pro Anleger ohne Selbstbehalt.

Bausparen sollte in erster Linie seinem Zweck entsprechend eingesetzt werden – also entweder für die Bildung von Eigenkapital für einen in den nächsten Jahren vorgesehenen Kauf von Wohneigentum oder von Hauseigentümern als eine Art »Krankenversicherung« fürs Haus, mit der Renovierungs- und Sanierungsarbeiten abgedeckt werden. In diesen beiden Fällen können Bausparer von einer Besonderheit dieses Modells profitieren: Bei Darlehen bis 15.000 Euro verzichten die Bausparkassen zumeist auf die Eintragung einer Grundschuld. Häuslebauer können damit Grundschuldgebühren sparen und Renovierer müssen bei einem Kreditbedarf von beispielsweise 10.000 Euro nicht auf teure Ratenkredite ausweichen.

Sinnvoll ist es, das Bausparen in der Ansparphase im Rahmen der vermögenswirksamen Leistungen (vL) einzusetzen und darüber hinaus die staatliche Wohnungsbauprämie zu nutzen oder die Wohn-Riester-Variante zu wählen. Ohne diese Extras vom Fiskus ist nämlich das Bausparen kaum attraktiv. In diesem Rahmen können sich auch sogenannte Renditetarife lohnen, bei denen Sie unabhängig vom Verwendungszweck beim Verzicht auf das Darlehen einen Bonuszins erhalten. Wie das konkret funktioniert, erfahren Sie im Kapitel »Wie Vater Staat beim Sparen hilft« ab Seite 51.

## 2 Sparen mit Bundeswertpapieren

Wer leiht eigentlich dem Finanzminister das Geld, wenn Vater Staat wieder einmal neue Schulden in Milliardenhöhe aufnimmt? Natürlich sind im Kreis der Geldgeber auch die Zentralbanken anderer Staaten, private Banken, Versicherungen und Investmentfonds zu finden. Aber Sparer aus ganz Deutschland mischen ebenso kräftig mit, indem sie Finanzprodukte wie Tagesanleihen, Bundesschatzbriefe oder Finanzierungsschätze kaufen, die größtenteils an Privatanleger ausgegeben werden. Mehr als zehn Milliarden Euro an deutschen Staatsschulden sind allein mit diesen Produkten am Markt unterwegs.

Die Sicherheit von Bundeswertpapieren ist exzellent, weil die Bundesrepublik Deutschland mit ihrer gesamten Finanzkraft für die Rückzahlung der Papiere geradesteht. Mit den Anlageprodukten steht der Staat direkt im Wettbewerb zu Banken und Sparkassen – aber Konkurrenz belebt ja bekanntermaßen das Geschäft. Daher sollten Sie bei der Wahl Ihrer Geldanlage auch Bundeswertpapiere in den Vergleich mit einbeziehen.

## Gebühren sparen mit der Deutschen Finanzagentur

Wenn Sie Wertpapiere kaufen, müssen Sie diese in einem Wertpapierdepot verwalten lassen. Bei einer Bank ist diese Dienstleistung in aller Regel nicht kostenlos zu haben. Besonders bitter für Kleinanleger: Weil es bei der Depotführung meistens Mindestgebühren gibt, fressen die Gebühren bei kleinen Anlagesummen einen großen Teil der Rendite auf. Wer beispielsweise 500 Euro in Wertpapieren anlegt und dafür eine jährliche Depotgebühr von 15 Euro entrichten muss, erleidet eine Renditeeinbuße von 3 Prozent.

Aber bei Bundeswertpapieren gibt es eine kostenlose Alternative – nämlich die bundeseigene Deutsche Finanzagentur. Der Wertpapierkauf ist dort beim Kauf der jeweils aktuellen Auflage – im Fachjargon als »Daueremission« bezeichnet – spesenfrei. Auch wird die Depotführung zum Nulltarif angeboten und die Abrechnung und Gutschrift bei Fälligkeit laufen ebenfalls ohne Nebenkosten. Lediglich beim Verkauf börsennotierter Bundesobligationen werden Spesen in Höhe von 0,4 Prozent des Nennwerts fällig.

### ! Achtung!

Diese Information ist für Sie wichtig, denn viele Banken weisen auf die kostenlose Verwaltungsmöglichkeit bei der Deutschen Finanzagentur nicht hin. So manches Bundesschätzchen landet damit im Bankdepot – und die Bank kassiert dafür die obligatorische Verwaltungsgebühr. Bei der Anlage in Bundeswertpapieren sollten Sie jedoch immer die staatliche Depotverwaltung bevorzugen – auch wenn Sie sich notfalls in Eigenregie und unter Umgehung Ihres Bankberaters darum kümmern müssen.

Die Eröffnung eines Depots bei der Deutschen Finanzagentur erfolgt entweder über die Hausbank oder direkt bei dem staatlichen Institut. Wenn Sie Ihrem Bankberater nicht mühsam die Informationen über die kostenlose Alternative aus der Nase ziehen wollen, können Sie im Internet die Adresse **www.deutsche-finanzagentur.de** aufrufen und sich dort die Antragsformulare herunterladen. Vor dem Abschicken des Antrags muss allerdings die Hausbank die Unterschrift bestätigen, wofür jedoch laut einer Vereinbarung zwischen Bund und Banken keine Gebühr verlangt werden darf. Nach Eingang der Kontoeröffnungsformulare erhalten Sie dann Ihre Schuldbuch-Kontonummer.

 **Tipp: Aktuelle Konditionen prüfen**

Auf der Internetseite der Deutschen Finanzagentur können Sie unter www.deutsche-finanzagentur.de auch die aktuellen Konditionen für Bundeswertpapiere abrufen.

Für den Erwerb von Bundeswertpapieren überweisen Sie den entsprechenden Betrag einfach an die Bundeswertpapierverwaltung und geben im Verwendungszweck des Überweisungsformulars Ihre Schuldbuch-Kontonummer und die Schlüsselnummer der Wertpapierart an. Bei Sparplänen mit Bundesschatzbriefen oder Obligationen wird einfach die Ermächtigung zum regelmäßigen Lastschrifteinzug erteilt. Per Internet-Banking können dabei Kauf und Verkauf von Bundeswertpapieren, die Wiederanlage von Zinsausschüttungen sowie die vorzeitige Rückgabe von Bundesschatzbriefen abgewickelt werden. **Die Adresse:**

**Bundesrepublik Deutschland –
Finanzagentur GmbH**
Lurgiallee 5
60295 Frankfurt/Main
Telefon: 069/25 616 - 0
Telefax: 069/25 616 - 14 76
E-Mail: info@deutsche-finanzagentur.de
www.deutsche-finanzagentur.de

## Tagesanleihe: die Alternative zum Tagesgeldkonto

| | | | |
|---|---|---|---|
| Hohe Renditechance | ★☆☆ | Einsatzgebiete: | |
| Hohe Anlagesicherheit | ★★★ | Geldreserve | ★★★ |
| Ohne Verluste schnell verfügbar | ★★★ | Sparen auf Anschaffungen | ★★☆ |
| Gut zu vergleichen | ★★★ | Altersvorsorge | ☆☆☆ |
| Frei von Zusatzkosten | ★★★ | Vermögensbildung | ☆☆☆ |
| Sparplan | ★★★ | | |
| Einmalanlage | ★★★ | | |

Mit der Tagesanleihe hat die Deutsche Finanzagentur Mitte 2008 eine Anlageform eingeführt, die in direkter Konkurrenz zu den Tagesgeldangeboten von Banken und Sparkassen steht. Die Mindestanlagesumme liegt bei lediglich 50 Euro, die Verwaltung ist über die Deutsche Finanzagentur kostenlos möglich, und das Guthaben kann täglich ganz oder teilweise abgerufen werden – damit sind die Voraussetzungen für eine flexible Kurzfristanlage erfüllt.

Anders als bei herkömmlichen Tagesgeldkonten wird hier der Zins nicht nach Gutdünken festgelegt, sondern fest an einen bestimmten Marktzins gekoppelt. Maßstab für die Tagesanleihe ist der EONIA-Zinssatz für täglich fällige Anlagegeschäfte zwischen Banken. Von diesem Zins erhalten die privaten Anleger 92,5 Prozent, den Rest behält der Bund für die Deckung des Verwaltungsaufwands ein.

> **Beispiel**
>
> Liegt der EONIA-Satz bei 1,5 Prozent, kürzt der Staat den Zins um 0,1125 Prozentpunkte, und dem Anleger bleiben 1,3875 Prozent.

Vorteilhaft für Anleger ist, dass durch die Koppelung an einen anerkannten Marktzins eine marktgerechte Verzinsung gewährleistet bleibt. So manches hochverzinste Tagesgeld entpuppt sich nämlich als kurzfristiges Lockangebot, das schon nach wenigen Monaten wieder auf den mageren Standardzins zurückfällt.

Allerdings kann es auch Phasen geben, in denen der EONIA-Marktzins über Monate hinweg extrem niedrig ist und Banken dennoch deutlich höhere Tagesgeldzinsen bieten, um ihre Kunden nicht zu verärgern. So lag beispielsweise im September 2009 wegen der äußerst niedrigen Marktzinsen der Tagesanleihezins bei lediglich 0,2 Prozent, während etliche Banken noch 1,5 Prozent bis 2 Prozent fürs Tagesgeld zahlten.

Ob die Tagesanleihe im Vergleich zu einem Tagesgeldkonto für Sie günstiger ist, hängt somit von den Einflüssen am Zinsmarkt ab. Daher sollten Sie in regelmäßigen Abständen prüfen, welche der beiden Anlageformen für Sie die besseren Konditionen bietet.

## Bundesschatzbrief: der Klassiker mit dem Zinstreppchen

| | | | |
|---|---|---|---|
| Hohe Renditechance | ★☆☆ | Einsatzgebiete: | |
| Hohe Anlagesicherheit | ★★★ | Geldreserve | ☆☆☆ |
| Ohne Verluste schnell verfügbar | ★☆☆ | Sparen auf Anschaffungen | ★★★ |
| Gut zu vergleichen | ★★☆ | Altersvorsorge | ☆☆☆ |
| Frei von Zusatzkosten | ★★★ | Vermögensbildung | ★☆☆ |
| Sparplan | ★★★ | | |
| Einmalanlage | ★★★ | | |

Bundesschatzbriefe sind die Wertpapiere mit dem berühmten »Zinstreppchen« – jedes Jahr gibt es ein bisschen mehr Zins. Beim Typ A werden die Zinsen jährlich ausgezahlt, und die Laufzeit beträgt sechs Jahre. Typ B sammelt die Zinsen an und hat sieben Jahre Laufzeit. Bei Bundesschatzbriefen gibt es eine Sperrfrist von einem Jahr und danach können sie jederzeit bis zu einem Betrag von 5.000 Euro pro Anleger und Monat zurückgegeben werden. Die Mindestanlage beträgt 50 Euro.

Geeignet sind Bundesschatzbriefe sowohl für Einmalanlagen als auch fürs regelmäßige Sparen. Weil der Zugriff nach Ablauf der einjährigen Sperrfrist flexibel möglich ist, sind sie auch dann für das mittelfristige Sparen auf Anschaffungen einsetzbar, wenn der Zeitpunkt der Investition noch nicht genau feststeht.

Wenn Sie als Sparer kein Risiko eingehen wollen, können Sie Bundesschatzbriefe auch beim Vermögensaufbau verwenden, indem Sie einen Sparplan mit regelmäßigen Monatsraten einrichten und das Geld einfach liegen lassen bzw. die fällig werdenden »Schätzchen« automatisch neu anlegen lassen. Zwar sind die Renditechancen recht bescheiden, doch dafür brauchen Sie sich um Ihr Geld keine Sorgen zu machen, so lange die Bundesrepublik zahlungsfähig ist.

## Finanzierungsschätze: das Festgeld des Bundes

| | | | |
|---|---|---|---|
| Hohe Renditechance | ★☆☆ | Einsatzgebiete: | |
| Hohe Anlagesicherheit | ★★★ | Geldreserve | ☆☆☆ |
| Ohne Verluste schnell verfügbar | ☆☆☆ | Sparen auf Anschaffungen | ★★★ |
| Gut zu vergleichen | ★★★ | Altersvorsorge | ☆☆☆ |
| Frei von Zusatzkosten | ★★★ | Vermögensbildung | ☆☆☆ |
| Sparplan | ☆☆☆ | | |
| Einmalanlage | ★★★ | | |

Mit den Finanzierungsschätzen des Bundes bietet die Deutsche Finanzagentur ein ernst zu nehmendes Konkurrenzprodukt zu Festgeldern und kurzlaufenden Sparbriefen. Finanzierungsschätze gibt es wahlweise mit ein oder zwei Jahren Laufzeit, die Mindestanlagesumme liegt bei 500 Euro. Verwalten können Sie diese Wertpapiere ebenfalls bei der Deutschen Finanzagentur im kostenlosen Schuldbuchkonto. Allerdings ist anders als bei Bundesschatzbriefen eine vorzeitige Rückgabe nicht möglich. Auch lässt sich auf Finanzierungsschätze kein Sparplan mit regelmäßigen Monatsraten einrichten.

Wenn Sie sich für diese Anlageform entscheiden, sollten Sie sicher sein, dass Sie das Geld nicht vor Ende der Laufzeit benötigen. Im Gegenzug gibt es Festzinsen, die im Vergleich zu Tagesgeldkonten oder zur Tagesanleihe oft deutlich höher sind.

## Bundesobligationen: feste Laufzeit mit Hintertür

| | | | |
|---|---|---|---|
| Hohe Renditechance | ★☆☆ | **Einsatzgebiete:** | |
| Hohe Anlagesicherheit | ★★★ | Geldreserve | ★☆☆ |
| Ohne Verluste schnell verfügbar | ★★☆ | Sparen auf Anschaffungen | ★★★ |
| Gut zu vergleichen | ★★★ | Altersvorsorge | ☆☆☆ |
| Frei von Zusatzkosten | ★★★ | Vermögensbildung | ★☆☆ |
| Sparplan | ★★★ | | |
| Einmalanlage | ★★★ | | |

Bundesobligationen haben eine Laufzeit von fünf Jahren und sind im Gegensatz zu den bisher hier vorgestellten Wertpapieren des Bundes an der Börse notiert. Die jeweils aktuell ausgegebene Serie können Sie jedoch auch aus der Daueremission erwerben und sich damit die Makler- und Bankgebühren einer Börsentransaktion sparen. Die Mindestanlage beträgt beim Kauf aus der Daueremission 100 Euro.

Sie bekommen bei Bundesobligationen eine jährlich festgelegte Zinszahlung und wenn Sie das Papier bis zum Fälligkeitstermin halten, erhalten Sie den vollen Nennwert zurück. Darüber hinaus können Sie die Papiere jederzeit über die Börse wieder verkaufen, wofür die Finanzagentur eine Gebühr von 0,4 Prozent des Kurswerts kassiert.

Im Fall eines Verkaufs über die Börse müssen Sie unter Umständen mit Kursverlusten rechnen. Der Grund für das Kursrisiko liegt darin, dass es sich bei Bundeswertpapieren um

**Beispiel**

Ist eine Bundesanleihe mit fünf Jahren Restlaufzeit mit einem Festzins von 3,5 Prozent ausgestattet, bedeutet dies bei einer Steigerung des Marktzinses auf 4,5 Prozent: Pro Jahr Restlaufzeit muss ein Kursabschlag von einem Prozent erfolgen, damit sich die Gesamtrendite wieder auf dem Marktniveau einpendelt – und damit fällt der Börsenkurs um rund 5 Prozent. Haben Sie die Bundesanleihe zu 100 Euro gekauft, bekommen Sie beim vorzeitigen Verkauf über die Börse nur 95 Euro zurück.

Anleihen mit fester Verzinsung handelt. Dabei erfolgt die Anpassung der Rendite an den Marktzins zwangsläufig über den Kurswert.

> **[ ] Tipp: So können Sie das Kursrisiko »ausschalten«**
>
> Als Faustregel gilt, dass bei einem Anstieg der Marktzinsen um einen Prozentpunkt für jedes Jahr Restlaufzeit ein Kursrückgang von etwa einem Prozentpunkt einkalkuliert werden muss. Wenn Sie beim Kauf von Anleihen das Kursrisiko ausschalten wollen, müssen Sie folglich den Betrag als fest angelegt bis zur Fälligkeit betrachten – denn zu diesem Zeitpunkt wird der Nennwert der Papiere in voller Höhe zurückgezahlt.

# 3
# Investmentfonds

Das Investmentsparen in Form eines Fonds wurde vor rund 150 Jahren in England erfunden. Damit wollten die Broker an der Londoner Börse auch kleinen Anlegern den Zugang zum Wertpapiergeschäft ermöglichen. Der Begriff »Fonds« stammt ursprünglich aus dem Französischen und bedeutet so viel wie »Grundstock«. Dieser Grundstock bzw. das Kapital – nämlich das Guthaben aller Anleger – befindet sich in einem großen Topf und die Fondsmanager versuchen, es möglichst gewinnbringend anzulegen.

Auf welche Art das Fondskapital investiert wird, entscheidet sich aus der Art des Fonds. So gibt es Investmentfonds, die das Geld ihrer Kunden in sichere Staatsanleihen wie beispielsweise Bundeswertpapiere stecken – aber es gibt auch Fonds, deren Kapital an den stark schwankenden Aktienmärkten investiert ist. Dazu kommen noch Immobilienfonds, Rohstofffonds, Mischfonds sowie diverse Spezialfonds. Als Anleger haben Sie in Deutschland die Wahl zwischen mehreren tausend Fondsprodukten.

## So funktionieren Fonds

Wenn eine Investmentgesellschaft einen neuen Fonds auflegt, braucht sie erst einmal Geld. Also rührt sie die Werbetrommel und versucht, Kunden – und vor allem deren Geld – für die Anlageidee zu gewinnen. Wenn die Anleger dann ihr Geld überweisen, wird es in die entsprechenden Wertpapiere investiert. Damit ist ein Fonds, wie es **das folgende Schaubild** verdeutlicht, ein finanzielles Sammelbecken.

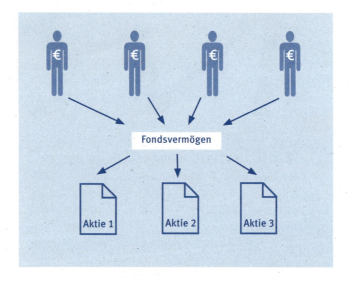

Der Vorteil ist, dass nicht jeder einzelne Anleger eine individuelle Aktienauswahl treffen muss. Das Gesamtvermögen wird nach einer bestimmten Strategie angelegt und verteilt, und daran hält der einzelne private Geldgeber seinen genau berechneten Anteil. Auf diese Weise können schon 50 Euro auf mehrere hundert Aktien verteilt werden, was mit einem direkten Aktieninvestment überhaupt nicht möglich wäre.

Wichtig bei dem Ganzen ist, dass die Fondsgesellschaft das Vermögen ihrer Kunden nur treuhänderisch verwaltet. Das heißt konkret: Sie darf zwar Wertpapiere kaufen und verkaufen, aber sie darf nie auf das Fondsvermögen zugreifen, um Löcher in ihrer eigenen Unternehmenskasse zu stopfen. In der juristischen Fachsprache nennt man so etwas ein »geschütztes Sondervermögen«. Damit sind Fondsguthaben nicht nur gegen Veruntreuung geschützt, sondern werden selbst im Fall einer Pleite der Fondsgesellschaft ausgeklammert. Die im Verkaufsprospekt festgelegten Gebühren wie Verwaltungsgebühr und Ausgabeaufschlag darf die Gesellschaft von den Ersparnissen ihrer Kunden abzweigen.

> ▶ **Vorsicht!**
> Dieser Sicherheitsmechanismus schützt Sie nur vor Misswirtschaft beim Fondsanbieter, nicht aber vor Kursverlusten von Aktien oder anderen Vermögenswerten, die im Fondsvermögen enthalten sind. Daher sollten Sie unbedingt genau nachprüfen, welche Anlagerisiken ein Fonds eingeht.

Vorteilhaft an Fonds ist die finanzielle Flexibilität. Sie können Investmentfonds jederzeit kaufen – egal ob es sich um eine Einmalanlage oder um einen Sparplan handelt. Oft können Sie schon mit Monatsraten ab 25 Euro einsteigen. Der Verkauf ist ebenfalls jederzeit möglich, indem Sie die Anteile einfach an die Investmentgesellschaft zurückgeben. Der tagesaktuelle Wert der Anteile wird dann auf Ihrem Girokonto gutgeschrieben.

Allerdings sind Fonds nicht nur mit unterschiedlich hohen Wertschwankungsrisiken verbunden, es gibt auch Nebenkosten. Bei jedem Kauf zahlen Sie eine Gebühr in Form des Ausgabeaufschlags, die bis zu 6 Prozent der Anlagesumme betragen kann. Dazu kommen jährliche Verwaltungsgebühren für die Fondsgesellschaft sowie die Depotgebühr für die Bank, bei der Sie Ihre Fondsanteile verwalten lassen. Worauf Sie speziell beim Rendite- und Kostenvergleich von Investmentfonds achten sollten, können Sie ab Seite 97 im Kapitel »Vergleichen bringt Geld« nachlesen.

## Aktienfonds: große Chancen, hohes Risiko

| | | | |
|---|---|---|---|
| Hohe Renditechance | ★★★ | Einsatzgebiete: | |
| Hohe Anlagesicherheit | ☆☆☆ | Geldreserve | ☆☆☆ |
| Ohne Verluste schnell verfügbar | ☆☆☆ | Sparen auf Anschaffungen | ☆☆☆ |
| Gut zu vergleichen | ★★☆ | Altersvorsorge | ★☆☆ |
| Frei von Zusatzkosten | ☆☆☆ | Vermögensbildung | ★★★ |
| Sparplan | ★★★ | | |
| Einmalanlage | ★★★ | | |

Wie die Kurse an der Börse Achterbahn fahren können, zeigt die Entwicklung der Aktien deutscher Großkonzerne von 2006 bis 2008. Die 30 im Aktienindex Dax gelisteten Konzerne schafften es in den Jahren 2006 und 2007, ihren Aktionären jährliche Gewinne von 21 Prozent zu bescheren. Doch schon ein Jahr später hieß es »Zurück auf Los«: Bis Ende 2008 brach der Dax um 40 Prozent ein, sodass die Anleger unterm Strich in diesen drei Kalenderjahren ein Minus von 13 Prozent verbuchen mussten.

An diesem Beispiel zeigt sich übrigens auch, dass sich 40 Prozent Verlust nicht mit 40 Prozent Gewinn ausgleichen lassen – denn die Ausgangsbasis ist bei der Gewinnberechnung niedriger als bei der Ermittlung des Verlusts. Steigt eine Aktie beim Stand von 100 Euro um 40 Prozent, ist sie 140 Euro wert. Fällt nun der Kurs um 40 Prozent, notiert sie bei nur noch 84 Euro.

Solche Schwankungen dürfen Sie nicht in Panik versetzen, wenn Sie Geld in Aktienfonds anlegen wollen. Die Fondsmanager versuchen zwar, mit dem Verteilen des Kapitals auf viele unterschiedliche Einzelaktien das Risiko von »Ausreißern« auszugleichen. Doch auch mit einer sorgfältigen Aktienauswahl können sich Investmentfonds dem allgemeinen Börsentrend nicht entziehen.

Insgesamt sind in Deutschland mehrere tausend Fondsprodukte erhältlich, sodass selbst Profis kaum noch den Überblick über den Gesamtmarkt haben. Zumindest grob können Sie Aktienfonds in die nachfolgend beschriebenen Kategorien einteilen.

### Aktives oder passives Fondsmanagement

Beim aktiven Fondsmanagement sucht der für die Anlagepolitik verantwortliche Fondsmanager innerhalb eines bestimmten Rahmens die Aktien heraus, die ihm am aussichtsreichsten erscheinen. Beim passiven Fondsmanagement hingegen bildet der Fonds einen Index ab, beispielsweise den europäischen Aktienindex EuroStoxx 50. Beide Varianten können Vor- und Nachteile haben. Bei aktivem Management können Verlustbringer aussortiert werden, jedoch zehren die höheren Verwaltungskosten an der Rendite. Passive Fonds sind mit deutlich weniger Gebühren verbunden, weisen jedoch bei Sparplänen meist hohe Nebenkosten auf. Grund: Herkömmliche Fonds mit aktivem Management werden von der Fondsgesellschaft direkt an die Anleger ausgegeben, während Anteile an passiven Indexfonds wie Aktien über die Börse gekauft werden müssen. Das verursacht vor allem bei kleinen Sparraten hohe Kostenquoten. Die Kostenvorteile der Indexfonds können Sie am besten nutzen, wenn Sie eine möglichst kostengünstige Direktbank mit kostenloser Depotführung wählen und Ihr Kapital in Form von Einmalanlagen in Höhe von mindestens 500 Euro investieren.

### Größe der ausgewählten Unternehmen

Aktienfonds setzen oft auf Unternehmen mit einer bestimmten Größe. Die sogenannten Standardwerte-Fonds konzentrieren sich auf Großkonzerne, die in ihrer Branche sozusagen den Standard setzen und in aller Regel in ihrem Segment international führend sind. Das Gegenstück dazu sind sogenannte Nebenwerte-Fonds, die sich eher auf kleinere Aktiengesellschaften konzentrieren. Die Fondsmanager hoffen dann darauf, vom Wachstum innovativer kleinerer Unternehmen und im besten Fall sogar von deren Aufstieg in die nächsthöhere Börsenliga zu profitieren. Bis vor einigen Jahren galt die Faustregel, dass Großkonzerne weniger krisenanfällig sind als kleinere Unternehmen und Standardwerte-Fonds somit im Vergleich zu Nebenwerte-Fonds weniger Schwankungen verursachen. Allerdings hat die Erfahrung der letzten Jahre gezeigt, dass auch Schwergewichte nicht gegen herbe Kursverluste gefeit sind. Ausschlaggebend für den Anlageerfolg sind eher die Sorgfalt und das Geschick des Fondsmanagements bei der Aktienauswahl.

### Einschränkung auf Branchen

Manche Aktienfonds beschränken sich auf bestimmte Branchen wie Internet und Telekommunikation oder Rohstoffproduzenten, während andere Fonds das Geld ihrer Kunden über alle wichtigen Industrie-, Handels- und Dienstleistungszweige verteilen. Hierbei ist ganz klar festzustellen, dass die Konzentration auf eine oder wenige ausgewählte Branchen das Schwankungsrisiko deutlich erhöht. Wenn bestimmte Segmente aus der Mode kommen, wie es etwa sehr drastisch bei Internet- und Telekomaktien in den Jahren 2001 bis 2003 der Fall war, können die Aktien einzelner Branchen viel stärker in Mitleidenschaft gezogen werden als der Gesamtmarkt. Daher sollten Sie auf jeden Fall breit streuende Aktienfonds bevorzugen und Branchenfonds allenfalls als geringe Beimischung wählen, wenn Sie von den Zukunftsaussichten des betreffenden Anlagesegments hundertprozentig überzeugt sind.

### Einschränkung auf Regionen

Auch bei der regionalen Einschränkung gibt es große Unterschiede: Die Bandbreite reicht vom weltweit anlegenden Fonds über Europa-Aktienfonds bis hin zu Nischenfonds wie Türkei- oder China-Aktienfonds. Auch Schwellenländer-Fonds sind den regional eingeschränkten Fonds zuzurechnen, ebenso die Fonds, die sich ausschließlich auf deutsche Aktien konzentrieren. Am sinnvollsten ist die Wahl eines Aktienfonds, der zumindest in den weltweit wichtigsten Märkten Europa, Nordamerika und Ostasien investiert ist. Wenn Sie das Währungsrisiko ausschalten wollen, sollten Sie statt eines Deutschland-Aktienfonds einen Fonds wählen, der Aktien aus allen Euro-Ländern enthält. Allenfalls als kleine Beimischung sind regional eingeschränkte Fonds empfehlenswert – und zwar aus den gleichen Gründen wie Branchenfonds: Wenn ein einzelnes Land konjunkturelle Schwierigkeiten hat oder einfach aus der Mode kommt, drohen überproportionale Verluste.

## Rentenfonds

| | | | | |
|---|---|---|---|---|
| Hohe Renditechance | ★☆☆ | Einsatzgebiete: | | |
| Hohe Anlagesicherheit | ★★☆ | Geldreserve | ☆☆☆ | |
| Ohne Verluste schnell verfügbar | ★★☆ | Sparen auf Anschaffungen | ★☆☆ | |
| Gut zu vergleichen | ★★☆ | Altersvorsorge | ★☆☆ | |
| Frei von Zusatzkosten | ☆☆☆ | Vermögensbildung | ★★☆ | |
| Sparplan | ★★★ | | | |
| Einmalanlage | ★★★ | | | |

Rentenfonds haben nichts mit der gesetzlichen Rentenversicherung zu tun, denn der Begriff »Rente« bezieht sich auf die althergebrachte Bezeichnung von börsengehandelten Schuldverschreibungen. Zu diesem Anlagesegment zählen Staatsanleihen von Industrienationen mit erstklassiger Zahlungsfähigkeit ebenso wie Schwellenländer-Staatsanleihen oder Anleihen von Unternehmen mit ganz unterschiedlicher Bonität.

Bevor Sie sich für einen bestimmten Rentenfonds entscheiden, sollten Sie daher einen sorgfältigen Blick auf den Inhalt werfen, um die Renditechancen und Schwankungsrisiken verlässlich einschätzen zu können. Wichtig sind dabei die nachfolgend geschilderten Kriterien.

### Bonität der Anleihenherausgeber

Entscheidend für die Sicherheit eines Rentenfonds ist die Zahlungskraft der Schuldner, deren Anleihen im Fondsvermögen liegen. Zwar werden für Anleihen mit schlechter Bonität überdurchschnittliche Zinsen gezahlt. Doch ebenso überdurchschnittlich ist die Wahrscheinlichkeit, dass der Schuldner Pleite geht und die Anleger ihre Anleihen abschreiben können.

Wie hoch die Bonität der Anleihenschuldner ist, bewerten sogenannte Ratingagenturen, von denen es weltweit drei wichtige Vertreter gibt: Moody's, Standard & Poor's und Fitch. Sie analysieren die Finanzkraft von Unternehmen und Staaten und fassen ihre Ergebnisse in Bonitätsnoten zusammen. Die Skala beginnt bei »AAA« für Top-Bonität und endet bei »C« für aktuell insolvenzgefährdete Kandidaten. Als Anleihen mit »Investmentqualität« bezeichnet man am Rentenmarkt Papiere, die eine Bonitätsnote von »BBB« oder »A« bis »AAA« vorweisen können. Was darunter liegt, wird als »Ramschanleihe« bezeichnet und den spekulativen Investoren überlassen.

## Laufzeit der Anleihen

Die meisten börsengehandelten Anleihen sind über die gesamte Laufzeit mit einem festen Zins ausgestattet. Doch was geschieht, wenn sich am Markt die Zinsen ändern? Ganz einfach: Die Differenz zwischen Anleihenzins und Marktzins regelt sich über den Börsenkurs der Anleihe. Wenn beispielsweise bei zwei Jahren Restlaufzeit eine Anleihe mit 3,5 Prozent Festzins ausgestattet ist und der Marktzins bei 2,5 Prozent liegt, sind Käufer bereit, pro 100 Euro Nennwert 102 Euro als Kaufpreis zu zahlen, da sie jährlich einen Prozentpunkt mehr Zins als der Marktdurchschnitt erhalten. Umgekehrt kann der Kaufkurs auch deutlich niedriger sein als der Nennwert, wenn niedrig verzinste Anleihen in Zeiten hoher Marktzinsen gehandelt werden.

Der Faktor Zeit verfügt dabei über eine Hebelwirkung: Je länger die Restlaufzeit der Festzinsanleihe, umso stärker wirken sich Änderungen am Zinsmarkt auf die Kurse aus. Steigen die Marktzinsen um 1,5 Prozentpunkte, sinken die Kurse von Anleihen mit zwei Jahren Restlaufzeit um 3 Prozent. Anleihen mit zehn Jahren Restlaufzeit büßen hingegen rund 15 Prozent ein.

## Einflüsse von Wechselkursen

Risikofrei sind in dieser Hinsicht Rentenfonds, die ausschließlich auf Euro-Anleihen setzen. Dabei kommt es nicht darauf an, dass die Emittenten aus dem Euro-Raum stammen – entscheidend ist die Währung, in der die Anleihe notiert ist. Im Gegensatz zu Euro-Rentenfonds bieten internationale Rentenfonds mehr Renditechancen – doch diese müssen wie üblich auch mit einem höheren Schwankungsrisiko bezahlt werden. Die Streuung erfolgt hierbei über verschiedene Währungen. Bevorzugt werden die großen und wichtigen Währungen der Industrienationen wie US-Dollar, Euro, japanischer Yen, britisches Pfund und Schweizer Franken.

Mit der Möglichkeit, das Investorenkapital international zu streuen, können die Fondsmanager zwei Effekte im Sinne ihrer Anleger nutzen. So kann in den einzelnen Staaten das Zinsniveau sehr unterschiedlich sein. Durch gezielte Investments in Währungsräumen mit attraktiven Zinsen lassen sich die Renditechancen verbessern. Dazu kommt: Wenn eine Währung gegenüber dem Euro an Wert gewinnt, profitiert der Anleger nicht nur von den Zinsen, sondern auch von den Wechselkursgewinnen.

Bei diesen Fonds ist die Aufgabe des Fondsmanagers wesentlich anspruchsvoller als bei Euro-Rentenfonds, weil hier verschiedene Zins- und Währungsentwicklungen in die Analyse mit einbezogen werden müssen. Gleichwohl bietet sich mit internationalen Rentenfonds die Möglichkeit, auch einen vergleichsweise kleinen Anlagebetrag über die weltweiten Anleihenmärkte zu verteilen.

## Geldmarktfonds

| | | | |
|---|---|---|---|
| Hohe Renditechance | ☆☆☆ | Einsatzgebiete: | |
| Hohe Anlagesicherheit | ★★★ | Geldreserve | ★★☆ |
| Ohne Verluste schnell verfügbar | ★★★ | Sparen auf Anschaffungen | ★☆☆ |
| Gut zu vergleichen | ★★☆ | Altersvorsorge | ☆☆☆ |
| Frei von Zusatzkosten | ☆☆☆ | Vermögensbildung | ☆☆☆ |
| Sparplan | ★★★ | | |
| Einmalanlage | ★★★ | | |

Geldmarktfonds werden für die kurzfristige Geldanlage eingesetzt. Sie investieren das Kapital ihrer Anleger vorrangig in täglich verfügbare Bankguthaben sowie in Anleihen mit variabler Verzinsung oder kurzen Restlaufzeiten. Manche Fonds halten darüber hinaus noch kleine Aktienanteile oder Fremdwährungsanleihen, um die Renditechancen für ihre Anleger zu verbessern. Die meisten Fondsgesellschaften verlangen für diese Fonds keinen Ausgabeaufschlag, weil dieser bei kurzer Anlagedauer überproportional an der Rendite zehren würde. Die fondsinternen Verwaltungsgebühren liegen in der Regel bei deutlich weniger als 0,5 Prozent des Guthabens. Problematisch bei dieser Anlageform ist jedoch, dass bei den meisten Banken und Fondsgesellschaften für die Verwaltung der Fondsanteile zusätzliche Depotgebühren anfallen, die für den Anleger die Nettorendite schmälern. Vor allem bei kleineren Anlagesummen kann dies sogar dazu führen, dass die Kosten höher sind als die Erträge.

> **[ ] Tipp: Tagesgeldkonto ist bessere Option**
>
> Die bessere Alternative zum Geldmarktfonds ist vor allem bei kleinen Anlagebeträgen ein gut verzinstes Tagesgeldkonto, das mit keinen Nebenkosten verbunden ist.

## Offene Immobilienfonds

| | | | | |
|---|---|---|---|---|
| Hohe Renditechance | ★☆☆ | Einsatzgebiete: | | |
| Hohe Anlagesicherheit | ★★☆ | Geldreserve | ☆☆☆ | |
| Ohne Verluste schnell verfügbar | ★☆☆ | Sparen auf Anschaffungen | ★☆☆ | |
| Gut zu vergleichen | ★★☆ | Altersvorsorge | ★★☆ | |
| Frei von Zusatzkosten | ☆☆☆ | Vermögensbildung | ★★★ | |
| Sparplan | ★★★ | | | |
| Einmalanlage | ★★★ | | | |

Offene Immobilienfonds investieren nicht nur in Wertpapiere und Bankanlagen, sondern vorrangig direkt in eine Mischung aus Wohnimmobilien, Bürokomplexen, Hotels und Einkaufszentren. Meist machen Wohnimmobilien den kleinsten Teil aus, während Büroimmobilien den Schwerpunkt bilden. Grund hierfür ist, dass sich mit gewerblich genutzten Immobilien höhere Mietrenditen als mit vermieteten Wohnungen erzielen lassen.

Die geografische Verteilung der Immobilieninvestments kann je nach Fondsstrategie sehr unterschiedlich ausfallen. Früher waren die Fonds in aller Regel auf Deutschland beschränkt, doch seit einigen Jahren ist ein klarer Trend zur Internationalisierung erkennbar. Die einstigen Inlandsimmobilienfonds haben ihren Anlageraum mittlerweile auf die Euro-Länder erweitert. Darüber hinaus gibt es einige Fonds, die auch gezielt außerhalb der Euro-Zone in Großbritannien, Osteuropa, Nordamerika und Asien investieren. Zumindest teilweise sind dabei die Investments gegen Währungsrisiken abgesichert. Für die Anleger bringt die geografische Öffnung der Fonds eher Vorteile als Nachteile, weil das »Länderrisiko Deutschland« durch die Streuung der Anlagen auf verschiedene Staaten deutlich reduziert wird.

Die Immobilienanlagen machen zwar den größten Teil, aber nicht das gesamte Fondsvermögen aus. Weil wie bei anderen Investmentfonds auch die Fondsanteile börsentäglich gekauft und zurückgegeben werden können, ist logischerweise das Fondsvermögen Schwankungen unterworfen. Würde es ausschließlich aus Immobilien bestehen, müssten im Bedarfsfall von heute auf morgen Immobilien verkauft werden, um aussteigende Anleger auszuzahlen – und das ist auf dem ziemlich engen Markt für Großimmobilien nicht möglich.

Um dennoch flexibel zu bleiben, legen die Fonds einen Teil der Anlegergelder auch in Anleihen und Bankguthaben an. Manche Fonds haben sogar kleinere Aktienbestände, die jedoch allenfalls einen Anteil am Fondsvermögen im Promille-Bereich ausmachen. Die gesetzlich vorgeschriebene Mindestquote dieser sogenannten Liquiditätsanlagen liegt bei 5 Prozent. Meist ist der tatsächliche Anteil höher. In Zeiten hoher Mittelzuflüsse hatten einzelne Fonds schon bis zu 40 Prozent ihres Vermögens in liquiden Anlagen geparkt, um die Zeit bis zum Erwerb neuer Großimmobilien zu überbrücken.

Doch nicht immer hat dieser Puffer ausgereicht, um bei massenhaftem Abzug von Anlegergeldern einen reibungslosen Ablauf zu gewährleisten. So mussten im Zuge der Finanzkrise im Herbst 2008 elf Immobilienfonds das Guthaben ihrer Anleger einfrieren, weil die Kunden in Panik gerieten und milliardenhohe Beträge abziehen wollten. Bei einigen davon hielt die Schließung länger als ein Jahr an. Trotz dieser Turbulenzen gelten offene Immobilienfonds immer noch als vergleichsweise sicher und schwankungsarme Geldanlage, weil bislang die Mehrzahl der Fonds noch keine Verluste verbuchen musste. Allerdings sind die Renditechancen recht bescheiden – viel mehr Gewinn als mit Sparbriefen oder Bundesschatzbriefen ist nicht drin.

> **[ ] Tipp: Auf Qualität achten**
>
> Wie bei jedem Investmentfonds hängt auch bei Immobilienfonds die Rendite vom Anlagegeschick des Fondsmanagements ab. Daher sollten Sie vor Ihrer Entscheidung den Fondsprospekt gründlich lesen. Neben der bislang erzielten Rendite gibt es drei weitere wichtige Kennzahlen: die Leerstandsquote, die Restlaufzeit der Mietverträge und das Alter der Immobilien. Eine niedrige Leerstandsquote ist ein Indiz dafür, dass in gut vermietbare Qualitätsimmobilien investiert wird. Wenn die Festmietverträge noch lange Zeit laufen, wirkt sich dies positiv aus die Sicherheit der regelmäßigen Erträge aus. Günstig für Sie als Anleger ist auch ein möglichst niedriges Durchschnittsalter der Immobilien, weil mit zunehmendem Alter oft hohe Aufwendungen für Instandhaltung und Sanierung anfallen.

## Mischfonds

| | | Einsatzgebiete: | |
|---|---|---|---|
| Hohe Renditechance | ★★☆ | | |
| Hohe Anlagesicherheit | ★☆☆ | Geldreserve | ☆☆☆ |
| Ohne Verluste schnell verfügbar | ★☆☆ | Sparen auf Anschaffungen | ★☆☆ |
| Gut zu vergleichen | ★☆☆ | Altersvorsorge | ★★☆ |
| Frei von Zusatzkosten | ☆☆☆ | Vermögensbildung | ★★★ |
| Sparplan | ★★★ | | |
| Einmalanlage | ★★★ | | |

Mischfonds bieten Anlegern die Möglichkeit, gleichzeitig in Aktien und Anleihen zu investieren. Allerdings ist das Mischungsverhältnis oftmals sehr unterschiedlich, denn selbst innerhalb derselben Fondsgesellschaft können einzelne Mischfonds je nach Ausrichtung sicherheitsorientierte oder risikofreudige Strategien verfolgen. Daher sollten Sie zwischen den folgenden Gattungen unterscheiden:

**Defensive Mischfonds.** Diese Fonds setzen vor allem auf Anleihen, wobei Aktien als Beimischung für die Verbesserung der Renditechancen betrachtet werden. Der Aktienanteil ist meist auf etwa 20 bis 30 Prozent begrenzt und die im Fonds enthaltenen Aktien und Anleihen stammen überwiegend aus den Euro-Ländern. Damit bergen diese Fonds in aller Regel auch nur ein geringes Währungsschwankungsrisiko.

**Ausgewogene Mischfonds.** Hier werden Anleihen und Aktien in etwa gleich gewichtet. Auch die Währungsmischung zwischen Euro und fremden Währungen ist ausgewogen.

**Aggressive Mischfonds.** Bei diesen Fonds stehen Aktien im Vordergrund. Sowohl bei den Aktien als auch im Anleihenportfolio sind fremde Währungen, manchmal auch von Schwellenländern, stark vertreten. Diese Fonds haben zwar fast die Renditechancen eines Aktienfonds. Allerdings sind damit auch vergleichbare Verlustrisiken verbunden.

**Flexible Mischfonds.** Diese Fonds können je nach Marktlage und Einschätzung des Fondsmanagements einen defensiven, ausgewogenen oder aggressiven Charakter haben. Innerhalb weniger Monate kann sich dann der Fonds von einem defensiven Fonds mit 10 Prozent Aktienanteil in einen fast lupenreinen Aktienfonds wandeln. Bei solchen Produkten

[ ] **Tipp: Informieren Sie sich genau über die Strategie des Mischfonds**

Gerade bei Mischfonds ist als Basis für die richtige Entscheidung die gründliche Lektüre des Fondsprospekts unabdingbar. Hier stehen klare Aussagen zur Strategie des Fondsmanagers, zu den Anteilen von Aktien und Anleihen am Fondsvermögen sowie zur Verteilung der Anlagen auf verschiedene Währungen.

müssen Sie sich überlegen, ob Sie dem Fondsmanager zutrauen, im richtigen Augenblick immer den passenden Strategieschwenk zu vollziehen.

Bei kleinen monatlichen Sparraten bieten Ihnen Mischfonds den Vorteil, dass Sie mit einer einzigen Rate das Geld auf die beiden wichtigen Anlagemärkte der Aktien und Anleihen verteilen können.

## Dachfonds

| | | | |
|---|---|---|---|
| Hohe Renditechance | ★★☆ | Einsatzgebiete: | |
| Hohe Anlagesicherheit | ★☆☆ | Geldreserve | ☆☆☆ |
| Ohne Verluste schnell verfügbar | ★☆☆ | Sparen auf Anschaffungen | ★☆☆ |
| Gut zu vergleichen | ★☆☆ | Altersvorsorge | ★★☆ |
| Frei von Zusatzkosten | ☆☆☆ | Vermögensbildung | ★★★ |
| Sparplan | ★★★ | | |
| Einmalanlage | ★★★ | | |

Während herkömmliche Fonds in Wertpapiere wie Aktien oder Anleihen investieren, sind die Investitionsziele von Dachfonds andere Investmentfonds. Ähnlich wie bei Mischfonds gibt es auch bei Dachfonds Unterschiede in der Zusammensetzung. Aggressive Dachfonds setzen vorrangig auf Aktienfonds, bei ausgewogenen Strategien halten sich Aktien- und Rentenfonds die Waage und konservative Dachfonds investieren vorzugsweise in Rentenfonds. Auch offene Immobilienfonds können beigemischt werden.

Dachfonds dürfen nur in »richtige« Investmentfonds, nicht jedoch in andere Dachfonds investieren. Grund dieser aufsichtsrechtlichen Regelung: Unseriöse Anbieter könnten sonst Dachfonds so lange ineinander verschachteln, bis kaum noch jemand herausbekommen könnte, ob auf irgendeiner Ebene des Fondsgeflechts überhaupt noch real existierende Wertpapiere zu finden sind.

Die Anbieter dieser Fondsgattung werben meist mit dem gleichen Argument: Die Dachfonds-Manager können aus einer Vielzahl einzelner Zielfonds die renditeträchtigsten Anlageziele ausfindig machen und damit brauche der Anleger nicht mehr ständig die Entwicklung auf dem immer unübersichtlich werdenden Investmentmarkt beobachten. Allerdings bleibt zu fragen, ob es den Dachfonds-Managern gelingt, dem Anspruch »vom Besten das Beste« gerecht zu werden. Oft steht lediglich eine stark eingeschränkte Auswahl an Einzelfonds zur Verfügung, weil die Fondsmanager nur in Fondsprodukte aus dem eigenen Konzern investieren. Dazu kommt, dass zusätzlich zu den Verwaltungsgebühren des Dachfonds die internen Managementgebühren der Einzelfonds anfallen. Im Vergleich zu Mischfonds sind Dachfonds daher mit deutlich höheren Nebenkosten belastet – und die zehren an der Rendite.

## Chancen und Risiken im Überblick

Zwar sind Investmentfonds ein gutes Mittel, um mit kleinen Anlagebeträgen Vermögen aufzubauen. Doch die Vielzahl der Anbieter und ein wahrer Dschungel an Produktvarianten macht es für Anleger schwer, den Überblick zu behalten und den passenden Fonds auszuwählen. Daher sollten Sie unbedingt die Ratschläge ab Seite 97 im Kapitel »Vergleichen bringt Geld« beherzigen, bevor Sie sich für einen bestimmten Investmentfonds entscheiden.

Zuallererst sollten Sie jedoch immer überlegen, welche Risiken Sie in Kauf nehmen können und wollen – denn hier gibt es je nach Fondsgattung immense Unterschiede. **Die Skala auf der folgenden Seite** soll nochmals auf übersichtliche Weise verdeutlichen, in welcher Risikokategorie die einzelnen Fondsgattungen liegen.

## Investmentfonds

**risikoreich**

Aktienfonds Branchen/Regionen

Aktienfonds Welt/Euroländer

Misch-/Dachfonds aggressiv

Misch-/Dachfonds ausgewogen
Rentenfonds niedrige Bonität/Fremdwährung

Misch-/Dachfonds defensiv

Rentenfonds Euro/hohe Bonität
Offene Immobilienfonds

Geldmarktfonds

**risikoarm**

# 4
# Wie Vater Staat beim Sparen hilft

Bei Altersvorsorge und Vermögensaufbau greift Ihnen der Staat mit Zuschüssen und steuerlichen Vergünstigungen unter die Arme, wenn Sie die entsprechenden Anlageprodukte wählen. Vorteilhaft ist dabei, dass die staatlich geförderten Anlagemodelle allesamt für das regelmäßige Sparen mit kleinen Beträgen geeignet sind.

Auch wenn bei einigen Anlageformen die Vergünstigungen später teilweise durch die Besteuerung der Erträge im Rentenalter zurückgeholt werden, ist die staatlich geförderte Altersvorsorge für viele Sparer nicht nur lukrativ, sondern notwendig. Denn: Schon heute steht fest, dass die Leistungen der gesetzlichen Rentenversicherung schrittweise reduziert werden – und damit ist die zusätzliche private Altersvorsorge notwendiger als je zuvor.

## Riester-Rente

| | | | |
|---|---|---|---|
| Hohe Renditechance | ★☆☆ | Einsatzgebiete: | |
| Hohe Anlagesicherheit | ★★★ | Geldreserve | ☆☆☆ |
| Ohne Verluste schnell verfügbar | ☆☆☆ | Sparen auf Anschaffungen | ☆☆☆ |
| Gut zu vergleichen | ★☆☆ | Altersvorsorge | ★★★ |
| Frei von Zusatzkosten | ☆☆☆ | Vermögensbildung | ☆☆☆ |
| Sparplan | ★★★ | | |
| Einmalanlage | ☆☆☆ | | |

Das Riester-Sparen ist in erster Linie für Arbeitnehmer gedacht. Allerdings ist der Kreis der Förderberechtigten über die klassische Voll- oder Teilzeitanstellung erweitert. Zum Kreis der förderungswürdigen Personen zählen nämlich auch Empfänger von sogenannten Lohnersatzleistungen. Darunter fallen beispielsweise Krankengeld, Arbeitslosengeld I und II. Auch Eltern, die Erziehungsurlaub in Anspruch nehmen, geringfügig Beschäftigte sowie Wehr- und Zivildienstleistende zählen laut Rentenreform zu den Geförderten. Sogar Selbstständige können in Ausnahmefällen im Sinne der Riester-Rente als »Arbeitnehmer« eingestuft werden – so etwa Handwerker oder Landwirte, die in der gesetzlichen Rentenversicherung pflichtversichert sind. Auch Künstler, freie Journalisten, Grafiker und andere, die in der Künstlersozialkasse (KSK) versichert sind, haben Anspruch auf Riester-Förderung.

### Was der Staat dazugibt

Zusätzlich zur eigenen Sparleistung können Sie beim Riester-Sparen mit staatlichen Zuschüssen rechnen, die als zusätzliche Einzahlung Ihrem Anlagekonto gutgeschrieben wird. Die Förderleistung gliedert sich in Grundzulage, Kinderzulage und steuerliche Vergünstigung durch Sonderausgabenabzug.

Die Grundzulage beträgt für Singles 154 Euro pro Jahr. Ehepaare erhalten das Doppelte, wenn jeder Ehepartner einen eigenen Vertrag abschließt. Wer vor dem 25. Geburtstag mit dem Riester-Sparen beginnt, kann darüber hinaus noch vom sogenannten Berufseinsteiger-Bonus profitieren: Hier gibt es einmalig bei Beginn 200 Euro extra dazu.

Dazu kommt die Kinderzulage in Höhe von 185 Euro pro Kind. Für Kinder, die nach dem 31. Dezember 2007 geboren worden sind, beträgt die Zulage sogar 300 Euro. Normalerweise wird die Kinderzulage auch bei zusammenlebenden Ehepaaren dem Riester-Vertrag der Mutter gutgeschrieben, es sei denn, dass beide Ehepartner zusammen beantragt haben, die Kinderzulage auf den Vertrag des Vaters einzuzahlen.

> **Wichtig!**
> Die volle Zulage gibt es nur, wenn die gesamten jährlichen Sparleistungen auf den Riester-Vertrag vier Prozent des Vorjahres-Bruttoeinkommens betragen. Wird weniger eingezahlt, dann kürzt der Staat die Zulagen im entsprechenden Verhältnis.

> **Beispiel**
>
> Ein Ehepaar – beide berufstätig – hat ein gemeinsames Jahresbruttoeinkommen von 55.000 Euro und zwei zulagenberechtigte Kinder, die vor dem 1. Januar 2008 geboren worden sind. Daraus errechnet sich bei zwei separaten Riester-Verträgen der für die volle Zulage notwendige Eigenanteil wie folgt:
>
> Einkommen Vater: 40.000 Euro
>
> Einkommen Mutter: 15.000 Euro
> (sie bezieht die beiden Kinderzulagen)
>
> **Rechnung für den Vater:**
> 4 % = 1.600 Euro
> abzgl. 154 Euro Grundzulage
> sein erforderlicher Eigenanteil für die volle Zulage =   1.446 Euro
>
> **Rechnung für die Mutter:**
> 4 % = 600 Euro
> abzgl. 154 Euro Grundzulage und Kinderzulagen
> in Höhe von 370 Euro ihr erforderlicher Eigenanteil
> für die volle Zulage =   76 Euro
>
> **gemeinsamer Eigenanteil beider Eltern:**   1.522 Euro
>
> Wenn der Riester-Sparer beispielsweise nur die Hälfte seines Eigenanteils zahlt, werden Kinder- und Grundzulage ebenfalls jeweils um die Hälfte gekürzt.

Bei manchen Konstellationen, wie etwa kinderreichen Familien mit sehr niedrigem Einkommen, kann es vorkommen, dass rein theoretisch die komplette Riester-Sparleistung aus Grund- und Kinderzulage bestritten werden könnte. In solchen Fällen gibt es eine Mindesteigenleistung, deren Höhe jedoch eher symbolische Bedeutung hat: Das absolute Minimum für die Leistung aus eigener Tasche liegt bei 60 Euro pro Jahr.

> **[ ] Tipp: Dauerzulagenantrag nutzen**
>
> Die Abwicklung der Zulagen funktioniert recht einfach, wenn mit dem Anbieter des Riester-Sparvertrags ein sogenannter Dauerzulagenantrag vereinbart wird. In diesem Fall muss die Riester-Zulage nicht jedes Jahr aufs Neue beantragt werden, sondern der Finanzdienstleister leitet die erforderlichen Daten direkt an das Finanzamt, die Deutsche Rentenversicherung und die Zulagenstelle für Altersvermögen (ZfA) weiter.

Riester-Sparraten können auch als Einzahlungen in Altersvorsorgeverträge im Rahmen der Sonderausgaben geltend gemacht werden. Dabei gilt der Grundsatz: Wenn aufgrund der Abzugsmöglichkeiten im Rahmen der Sonderausgaben die Steuerersparnis höher ist als die Summe der Zulagen, gibt es Nachschlag in Form einer Steuerrückerstattung. Ob dies zutrifft, wird vom Finanzamt automatisch geprüft. Vor allem Sparer mit hohem Einkommen und keinem oder nur einem Kind können häufig in den Genuss einer Einkommensteuer-Rückzahlung kommen.

### Riester-Produkte

Nicht jede Anlageform kann mit der Riester-Zulage gefördert werden. Weil der Staat die Sparer vor Verlusten durch spekulative Geldanlagen schützen will, muss jedes Sparprodukt ein Riester-Zertifikat erhalten, bevor es unter diesem Begriff angeboten werden darf. Dabei müssen die folgenden Voraussetzungen erfüllt werden:

- Die Auszahlung darf frühestens mit Beginn der Altersrente oder ab dem 60. Lebensjahr erfolgen – und zwar nur überwiegend in Form einer regelmäßigen Rente. Maximal 30 Prozent des angesparten Kapitals können bei Renteneintritt auf einen Schlag ausgezahlt werden.
- Der Erhalt des eingezahlten Kapitals muss garantiert werden, ebenso zumindest jährlich gleichbleibende Rentenzahlungen.
- Die Abschluss- und Vertriebskosten müssen innerhalb der Guthabenverrechnung über einen Zeitraum von zehn Jahren verteilt werden.
- Der Sparer muss vor dem Abschluss über die internen Kosten sowie die Fördermöglichkeiten informiert werden und während der Laufzeit jährliche Kontoauszüge erhalten.

Damit kommt für das Riester-Sparen nur eine kleine Auswahl an Anlageprodukten in Frage: das Versicherungssparen, das Fondssparen sowie Bank- und Bausparverträge.

**Banksparen.** Das Riester-Banksparen funktioniert wie ein Ratensparvertrag, der in der Regel variabel verzinst wird. Beim Eintritt ins Rentenalter wird das angesparte Guthaben entweder über einen Auszahlplan in regelmäßigen Raten ausgezahlt oder in eine private Rentenversicherung eingezahlt, die sofort mit der Rentenauszahlung beginnt.

**Versicherungssparen.** Hier fließt das Geld in einen klassischen Versicherungssparvertrag – allerdings mit einer wichtigen Einschränkung: Während bei der herkömmlichen Rentenversicherung das gesamte Guthaben bei Rentenbeginn ausgezahlt werden kann, ist bei der Riester-Variante nur die Auszahlung von maximal 30 Prozent möglich. Die Anlagepolitik der Versicherungen ist recht sicherheitsorientiert: Maximal 35 Prozent der Vorsorgegelder dürfen in Aktien oder Fonds angelegt werden, den Löwenanteil bilden sichere Staatsanleihen und Pfandbriefe. Ergänzend hierzu gibt es auch Versicherungsmodelle, bei denen ein Teil der Einzahlungen in Fonds fließt. Je nach

Höhe des Fondsanteils erhält der Sparer eine Garantieverzinsung oder lediglich eine Zusage des Kapitalerhalts.

**Fondssparen.** Riestern geht auch mit Fonds, allerdings eher mit angezogener Handbremse. Denn ein Investmentfonds birgt zunächst einmal das Risiko, dass aufgrund der Schwankungen an den Kapitalmärkten der Erhalt des eingezahlten Guthabens eigentlich nicht garantiert werden kann. Im Vergleich zu herkömmlichen Investmentfonds müssen daher die Riester-Fondsanbieter – letztlich auf Kosten der Rendite – für deutlich mehr Sicherheit sorgen. Mit einem eher vorsichtigen Mix aus Aktien und Anleihen sowie diversen Absicherungsmechanismen wird das Verlustrisiko auf ein Minimum reduziert. Für das verbleibende Restrisiko springt die Fondsgesellschaft durch eine Garantieerklärung selbst ein. Dabei ist jedoch zu beachten, dass sich die Garantie nur auf den Zeitpunkt des Renteneintritts bezieht. Bis dahin ist das Guthaben den Schwankungen der Kapitalmärkte ausgesetzt.

**Bausparen.** Im Rahmen des sogenannten Wohn-Riester können auch Bausparverträge gefördert werden. Allerdings muss das Guthaben für die Finanzierung von selbstgenutzten Wohneigentum verwendet werden, um die Zulagen nicht rückwirkend zu gefährden. Auch die direkte Tilgung eines Baukredits für das Eigenheim ist mit Riester-Förderung möglich. Allerdings muss es sich dann um ein spezielles Riester-Darlehen handeln, dessen Vertragsgestaltung den Anforderungen der Behörde entspricht.

### Riester-Fallen

Riester-Sparen ist für viele Verbraucher ein sinnvolles Instrument der privaten Altersvorsorge. Doch wie bei fast jedem Finanzprodukt lauern auch hier Fallen, die unter Umständen zu schmerzlichen Verlusten führen können.

**Die Kostenfalle.** Zwar müssen die Anbieter von Riester-Verträgen ihre Nebenkosten offenlegen. Doch dabei werden oft unterschiedliche Kostenmodelle so miteinander verquickt, dass die wahren Kosten erst nach gründlichem Nachrechnen ersichtlich werden – das gilt insbesondere für das Versicherungssparen, das rund 75 Prozent aller Riester-Verträge ausmacht. Die von der Stiftung Warentest herausgegebene Zeitschrift *Finanztest* nimmt in regelmäßigen Abständen die Kostenstrukturen der Anbieter unter die Lupe. Die Artikel können auch einzeln im Internet unter www.test.de zum Selbstausdrucken als PDF-Dokument erworben werden.

**Die Hopping-Falle.** Ein paar Jahre nach Abschluss des ersten Riester-Vertrags kommt ein Finanzvermittler ins Haus, der angeblich ein viel besseres Angebot hat, und prompt wird gewechselt. Wieder ein paar Jahre später dasselbe Spiel mit einem anderen Verkäufer – kommt Ihnen das bekannt vor? Das nennt man Riester-Hopping, und was den Verkäufern immer aufs Neue Provisionen in die Tasche spült, wird für den Anleger zum Verlustgeschäft. Schuld daran ist die sogenannte Zillmerung, ein Berechnungsverfahren, bei dem die Vertriebsprovisionen auf die ersten fünf Jahre anstatt auf die gesamte Spardauer umgelegt werden. Erst wenn die verlustreichen Anfangsjahre vorüber sind und die hohen Kostenbelastungen wegfallen, verzeichnen die Verträge nach und nach eine nennenswerte Rendite. Wer hingegen alle paar Jahre den Anbieter wechselt, tut nichts für die eigene Altersvorsorge, sondern eher etwas für den Vermögensaufbau der Versicherungsverkäufer.

**Die Zulagenfalle.** Wer vor seinem 60. Geburtstag auf das Riester-Guthaben zugreift, muss die staatlichen Fördermittel wieder zurückzahlen. Gleiches gilt, wenn nach dem Eintritt ins Rentenalter ein Umzug ins Ausland geplant ist: Wer den Lebensabend im sonnigen Süden verbringen will, dem werden nach derzeitigem Recht bei der Auszahlung der Riester-Rente die zuvor erhaltenen Zulagen schrittweise wieder abgezogen. Allerdings verstößt dies bei einem Umzug innerhalb der EU laut einem Urteil des Europäischen Gerichtshofs gegen die Freizügigkeit und daher muss der Gesetzgeber dies ändern. Noch bleibt abzuwarten, in welcher Form die Forderungen der EU-Richter umgesetzt werden.

## Betriebliche Altersvorsorge

| | | | |
|---|---|---|---|
| Hohe Renditechance | ★☆☆ | **Einsatzgebiete:** | |
| Hohe Anlagesicherheit | ★★★ | Geldreserve | ☆☆☆ |
| Ohne Verluste schnell verfügbar | ☆☆☆ | Sparen auf Anschaffungen | ☆☆☆ |
| Gut zu vergleichen | ★☆☆ | Altersvorsorge | ★★★ |
| Frei von Zusatzkosten | ☆☆☆ | Vermögensbildung | ☆☆☆ |
| Sparplan | ★★★ | | |
| Einmalanlage | ☆☆☆ | | |

Bei der betrieblichen Altersversorgung überweisen entweder Arbeitgeber oder Arbeitnehmer vor der Lohnauszahlung Beträge auf ein spezielles Anlagekonto. Möglich sind hierbei die auf den nachfolgenden Seiten erläuterten Anlageformen Direktzusage, Direktversicherung, Pensionskasse, Pensionsfonds und Unterstützungskasse.

Während der Ansparphase werden die Sparbeiträge durch die Befreiung von Einkommensteuer und Sozialabgaben subventioniert. Im Gegenzug ist die daraus resultierende Rente in voller Höhe einkommensteuerpflichtig und es sind Beiträge an die gesetzliche Krankenversicherung abzuführen. Egal in welche Anlageform das Geld fließt: Zunächst einmal ist zu unterscheiden, wer das betriebliche Vorsorgesparen finanziert.

### Unternehmens- oder arbeitnehmerfinanziertes Sparen

Auf freiwilliger Basis kann das Unternehmen seinen Arbeitnehmern bei der Bildung von Vorsorgekapital helfen. Je nach Betriebszugehörigkeit, Einkommen und Leistung haben Sie einen Anspruch auf eine spätere Rentenzahlung von Ihrem Arbeitgeber. Zu unterscheiden sind hierbei die Leistungszusage und die Beitragszusage.

Bei der Leistungszusage wird Ihnen eine bestimmte Vorsorgeleistung zugesagt, beispielsweise eine jährliche Rente ab dem 65. Lebensjahr von 50 Euro pro Jahr der Betriebszugehörigkeit. Wenn Sie in diesem Beispiel 25 Jahre lang beim selben Arbeitgeber beschäftigt sind, haben Sie dann einen Anspruch auf 1.250 Euro Jahresrente.

Die Leistungszusage kann auch als Prozentsatz des Monats- oder Jahreseinkommens festgelegt werden, sodass Ihre spätere Betriebsrente sowohl von der Dauer der Betriebszugehörigkeit als auch von der Höhe Ihres Arbeitslohns abhängt. Ebenso können Extrazusagen beim Erreichen bestimmter Leistungsziele in das Modell mit einfließen.

> **✱ Wichtig!**
>
> Die Zusagen beziehen sich immer nur auf das jeweils aktuelle Jahr Ihrer Betriebszugehörigkeit. Einen Anspruch auf Versorgungsleistungen für die zukünftigen Jahre Ihrer Betriebszugehörigkeit haben Sie nicht. Außerdem sind auch die Ansprüche der Vergangenheit erst sicher, wenn die »Unverfallbarkeit« eintritt. Dann nämlich kann die Betriebsrente nicht mehr rückwirkend gestrichen werden, wenn Sie das Unternehmen verlassen. Unverfallbar sind Versorgungsansprüche in der Regel dann, wenn die Versorgungszusage seit mindestens fünf Jahren besteht und Sie beim Ausscheiden aus dem Unternehmen das 30. Lebensjahr vollendet haben.

Die Beitragszusage bezieht sich hingegen auf die Einzahlung des Arbeitgebers in einen Vorsorge-Sparvertrag. Diese Zusage könnte beispielsweise in der Form gestaltet sein, dass für langjährige Betriebsangehörige jährlich ein bestimmter Betrag in einen der zuvor genannten betrieblichen Vorsorgeverträge eingezahlt wird. Wie hoch Ihre spätere Betriebsrente dann ausfällt, hängt auch davon ab, wie viel Rendite das Vorsorgemodell erwirtschaftet.

> **▶ Vorsicht!**
>
> Auch bei der betrieblichen Altersvorsorge gibt es eine Verlustfalle. Wenn Sie häufig den Job wechseln und ständig Ihr Guthaben zwischen verschiedenen Anbietern umschichten, schmälern hohe Umschichtungsgebühren Ihr Kapital. Fragen Sie deshalb bei einem Jobwechsel Ihren neuen Arbeitgeber, ob die Weiterführung der Gehaltsumwandlung beim bisherigen Anbieter möglich ist. Er ist zwar nicht dazu verpflichtet, neue Anbieter in sein »Sortiment« aufzunehmen – aber auf freiwilliger Basis kann so eine Ausnahme schon einmal drin sein.

Im Gegensatz zur unternehmensfinanzierten Altersvorsorge haben Sie als Arbeitnehmer einen Rechtsanspruch darauf, einen Teil Ihres regulären Gehalts in Einzahlungen für die Altersvorsorge umzuwandeln. Das wird auch als »Gehaltsumwandlung« bezeichnet.

Bis zu 4 Prozent der im jeweiligen Kalenderjahr geltenden Beitragsbemessungsgrenze für die gesetzliche Rentenversicherung (West) können Sie auf jeden Fall in die Gehaltsumwandlung einbringen, bei bestimmten Anlageprodukten sogar noch etwas mehr. Die Umwandlung erfolgt aus dem Bruttogehalt und wird weder versteuert noch mit Sozialabgaben belegt. Weitere 1.800 Euro pro Jahr können Sie aus Ihrem Bruttogehalt steuerfrei, aber sozialversicherungspflichtig in eine Direktversicherung, eine Pensionskasse oder einen Pensionsfonds einzahlen.

Im Gegensatz zur unternehmensfinanzierten Altersvorsorge können Ansprüche aus der Gehaltsumwandlung nicht verfallen – es ist ja Ihr eigenes Geld, das Ihnen sonst rechtmäßig als Gehalt zugestanden hätte.

### Welche Produkte bei der betrieblichen Altersvorsorge möglich sind

Für die betriebliche Altersvorsorge per Gehaltsumwandlung sind nur Anlageprodukte zulässig, die bestimmte Kriterien erfüllen. So muss beispielsweise die Auszahlung des Guthabens stets in Form einer lebenslangen Altersrente erfolgen und der Sparer muss gegen Verluste geschützt sein. Möglich sind dabei die folgenden Anlageformen:

**Direktversicherung.** Das ist im Prinzip eine herkömmliche private Rentenversicherung – sofern die Auszahlung als lebenslange Rente vorgesehen ist. Man kann sich aber die Option auf eine Kapitalabfindung in voller Höhe oder auf eine Teilauszahlung von 30 Prozent einbauen lassen. Die Auszahlungen sind jeweils in voller Höhe steuerpflichtig. Die volle Steuerpflicht gilt für Auszahlungen aus Direktversicherungen, die nach dem 31. Dezember 2004 abgeschlossen wurden. Bei Vertragsabschlüssen vor 2005 handelt es sich in der Regel um pauschalversteuerte Direktversicherungen. Kapitalabfindungen sind steuerfrei, Renten nur mit dem geringen Ertragsanteil zu versteuern. Unabhängig vom Vertragsabschluss gilt für gesetzlich

Krankenversicherte, dass auf die Auszahlung neben den Steuern der volle Satz Kranken- und Pflegeversicherung abzuführen ist.

**Pensionskasse.** Das ist entweder ein Versicherungsverein auf Gegenseitigkeit oder eine AG, die speziell für Betriebe Altersvorsorgegelder verwaltet. Ähnlich wie eine Lebens- oder Rentenversicherung müssen auch Pensionskassen die eingezahlten Guthaben sicherheitsbewusst anlegen. Darüber hinaus gelten die gleichen Regeln wie bei Direktversicherungen.

**Pensionsfonds.** Im Gegensatz zu Versicherungsunternehmen oder Pensionskassen dürfen Pensionsfonds höhere Aktienanteile in ihren Vermögensmix mit aufnehmen. Damit haben sie bessere Renditechancen, aber auch höhere kurzfristige Schwankungsrisiken. Es sind aber zumindest die Einzahlungen gesichert.

**Unterstützungskasse.** Eine Unterstützungskasse ist ein von einem oder mehreren Unternehmen getragener Vorsorgeverein, der praktisch als Vehikel für viele Arten der Anlage von betrieblichen Rentengeldern dienen kann. Oft fließt das Geld an Versicherungen, manche Unterstützungskassen leiten das Geld auch in riskantere Aktienfonds weiter.

**Direktzusage.** Bei dieser Variante nimmt das Unternehmen die Verwaltung seiner Betriebsrenten selbst in die Hand. In der Bilanz müssen für die Ansprüche der Arbeitnehmer entsprechende Rückstellungen gebildet werden und in der Praxis werden diese häufig mit festverzinslichen Wertpapieren, Aktien oder Fonds hinterlegt.

> **Tipp: Kein Problem mit Hartz IV**
>
> Alle geförderten Einzahlungen in die beschriebenen staatlichen Altersvorsorgemodelle von Riester bis zur betrieblichen Altersvorsorge sind »Hartz IV-geschützt«. Sie werden also beim Bezug von Arbeitslosengeld II nicht angerechnet.

Als Arbeitnehmer können Sie sich nicht aussuchen, welche Anlageform für Ihre Gehaltsumwandlung verwendet werden soll –

Sie müssen das Produkt nehmen, das Ihnen Ihr Arbeitgeber anbietet. Wenn Ihnen eine risikoreiche Anlageform mit hohem Aktienanteil offeriert wird, müssen Sie gleichwohl nicht befürchten, dass Sie damit Ihre Betriebsrente verspekulieren.

Sie haben nämlich bei der betrieblichen Altersvorsorge einen Anspruch darauf, dass Ihnen die Erhaltung Ihrer eingezahlten Beiträge zur Auszahlung im Rentenalter garantiert werden muss. Dafür ist im ersten Schritt der Anbieter des jeweiligen Vorsorgeprodukts zuständig. Wenn dieser Verluste einfährt und keinen Ausgleich leisten kann, muss Ihr Arbeitgeber einspringen und die Lücke aus dem Betriebsvermögen auffüllen.

Selbst wenn Ihr Arbeitgeber bis dahin pleitegegangen wäre, hätten Sie noch ein weiteres Auffangnetz: Bei Pensionsfonds, Unterstützungskassen und Direktzusagen müssen alle Ansprüche auf Betriebsrente von den Arbeitgebern über eine Mitgliedschaft im Pensions-Sicherungs-Verein auf Gegenseitigkeit (PSVaG) versichert werden. Die Unternehmen müssen abhängig von der Höhe der zugesagten Renten Beiträge zahlen, die im Umlageverfahren an die Berechtigten ausgezahlt werden, deren Arbeitgeber insolvent geworden ist. Damit fungiert der PSV praktisch als »Feuer-wehrfonds« für die Betriebsrenten-Guthaben. Bei den anderen beiden Modellen – Direktversicherung und Pensionskassen – handelt es sich um Versicherungen, die einer strengen staatlichen Aufsicht unterliegen und bei denen im Insolvenzfall ein eigenes Sicherungssystem greift.

So funktioniert die Haftungsfolge bei Pensionsfonds, Direktzusage und Unterstützungskasse:

## Rürup-Rente

Wie die Riester-Rente und die betriebliche Altersvorsorge ist auch die nach dem Regierungsberater Bert Rürup benannte Rürup-Rente an die Erfüllung bestimmter Voraussetzungen geknüpft, wenn die staatliche Förderung in Form von steuerlichen Vergünstigungen zum Tragen kommen soll. Im Gegensatz zu den beiden eingangs erwähnten Vorsorgeformen wendet sich die Rürup-Rente hingegen in erster Linie an Selbstständige, die weder einen Riester-Vertrag abschließen noch in die betriebliche Altersvorsorge einzahlen können.

Dahinter verbirgt sich ein wenig flexibles Finanzprodukt, das Ihnen im Vergleich zur staatlichen Rentenversicherung kaum mehr finanziellen Spielraum zugesteht. Bei der Kapitalanlage entsprechen die meisten Rürup-Produkte der privaten Rentenversicherung. Dabei wird während der Ansparphase das Kapital nach Abzug der Verwaltungskosten von der Versicherungsgesellschaft vorrangig in sichere Anlagen wie Anleihen und Immobilien investiert, ein kleiner Teil kann auch in Aktien und Fonds fließen. Es existieren auch fondsgebundene Versicherungssparpläne, bei denen es im Gegensatz zur klassischen Versicherungsvariante keinen Garantiezins gibt. Je nach Anbieter gibt es Fondspolicen entweder mit der Zusicherung des Kapitalerhalts oder als reine Fondsanlage, bei der die Anleger das volle Kapitalmarktrisiko tragen.

Am Ende der Ansparphase ist nur die Auszahlung in Form einer lebenslangen Leibrente möglich, mit dem Tod des Versicherten während der Auszahlungsphase ist das gesamte eingezahlte Guthaben verloren. Gegen Aufpreis können die folgenden Bestandteile integriert werden:
- die Absicherung von Hinterbliebenen durch die Weiterzahlung der Rente – meist zu 60 Prozent – nach dem Tod des Versicherten an den Ehepartner und die Absicherung gegen Berufsunfähigkeit.

> **Beispiel**
>
> Sie können als Verheirateter Einzahlungen bis zu 40.000 Euro zu 70 Prozent geltend machen, die tatsächliche Grenze liegt somit in diesem Jahr bei 28.000 Euro. Der Prozentsatz wird jedes Jahr um zwei Prozentpunkte erhöht, sodass erst ab dem Jahr 2025 die Beiträge in voller Höhe abgesetzt werden können.

> **[ ] Tipp: Flexibilität prüfen**
>
> Beim Vergleichen verschiedener Rürup-Renten-Angebote sollten Sie nicht nur die Finanzstärke des Anbieters und die Renditeaussichten berücksichtigen, sondern auch die Flexibilität bei den Einzahlungen. Nicht alle Anbieter ermöglichen ihren Kunden flexible Einzahlungen, die von Jahr zu Jahr unterschiedlich hoch ausfallen können. Gerade für Selbstständige mit oftmals stark schwankendem Einkommen ist es jedoch wichtig, bei der Altersvorsorge nicht an einen starren Vertrag gebunden zu sein.

Mit den steuerlichen Berechnungen zur Rürup-Rente werden Sie wenig Freude haben, denn diese sind sehr kompliziert. Beim Ansparen gelten die gleichen Steuerregeln wie bei den Beiträgen für die gesetzliche Rentenversicherung. Zunächst einmal steht Ledigen ein Höchstbetrag für die Altersvorsorge von 20.000 Euro pro Jahr zur Verfügung, bei Verheirateten sind es 40.000 Euro. Bis zu dieser Obergrenze können Sie nach dem neuen Alterseinkünftegesetz Einzahlungen in Versorgungswerke, gesetzliche Rentenversicherung und Rürup-Sparpläne von der Steuer absetzen – allerdings nur bis zu einem bestimmten Prozentbetrag. Diese liegt für das Jahr 2010 bei 70 Prozent.

Die Auszahlungen im Rentenalter werden genauso behandelt wie die Altersrente aus der gesetzlichen Rentenversicherung. Je nachdem in welchem Jahr Sie in den beruflichen Ruhestand treten und die Auszahlungen beginnen lassen, müssen Sie für den Rest Ihres Lebens einen bestimmten Prozentsatz der Renteneinkünfte versteuern. Bei Renteneintritt im Jahr 2010 sind Renteneinkünfte zu 60 Prozent steuerpflichtig, bei Rentenbeginn im Jahr 2020 liegt der Satz bei 80 Prozent, und die Neurentner ab dem Jahr 2040 müssen ihre Rente in voller Höhe versteuern.

## Vermögenswirksame Leistungen (vL)

Mit vermögenswirksamen Leistungen (vL) können Arbeitnehmer ein finanzielles Polster aufbauen. Dabei wird mit dem Arbeitgeber vereinbart, dass ein Teil des Nettogehalts – nach Abzug von Steuern und Sozialversicherung – auf einen Sparvertrag überwiesen wird. Je nach Sparform, Einkommen und Arbeitgeber kann es dafür Zuschüsse vom Staat oder vom Arbeitgeber geben. Alle Sparformen haben gemeinsam, dass die Verträge mindestens sieben Jahre lang laufen. Bei Bankssparverträgen ist in der Regel das letzte Jahr als Ruhezeit vorgesehen.

## Aktienfonds-Sparplan

| | | | |
|---|---|---|---|
| Hohe Renditechance | ★★★ | Einsatzgebiete: | |
| Hohe Anlagesicherheit | ☆☆☆ | Geldreserve | ☆☆☆ |
| Ohne Verluste schnell verfügbar | ☆☆☆ | Sparen auf Anschaffungen | ☆☆☆ |
| Gut zu vergleichen | ★★☆ | Altersvorsorge | ★☆☆ |
| Frei von Zusatzkosten | ☆☆☆ | Vermögensbildung | ★★★ |
| Sparplan | ★★★ | | |
| Einmalanlage | ☆☆☆ | | |

Das Aktienfonds-Sparen zählt zu den vL-Anlageformen, für die Sie vom Staat Arbeitnehmer-Sparzulage erhalten können. Diese Zulage müssen Sie im Zuge der Steuererklärung beantragen. Voraussetzung ist, dass der Aktienfonds für das Sparen im Rahmen der vermögenswirksamen Leistungen zugelassen ist. Praktisch jede größere Fondsgesellschaft hat solche Fonds im Angebot.

[ ] **Tipp: Wann sich vL-Fonds lohnen**

Das vL-Sparen mit Aktienfonds ist für Sie vor allem dann interessant, wenn Sie damit langfristigen Vermögensaufbau betreiben wollen, Anspruch auf Arbeitnehmer-Sparzulage haben und das Auf und Ab am Aktienmarkt gut verkraften können. Achten Sie bei der Auswahl auf einen Fonds mit einem überdurchschnittlich guten Renditeverlauf und versuchen Sie, beim Ausgabeaufschlag einen Rabatt auszuhandeln.

* **Wichtig!**

Die wahre Einkommensgrenze für die Arbeitnehmer-Sparzulage liegt deutlich höher. Als Kriterium gilt nämlich nicht das Bruttogehalt auf der Lohnabrechnung, sondern das zu versteuernde Einkommen. So können Arbeitnehmer ihre beruflichen Werbungskosten bwz. den Arbeitnehmer-Pauschbetrag geltend machen. Dazu kommen weitere Abzugsmöglichkeiten im Rahmen der Sonderausgaben.

Für jedes Kind kann überdies der Kinderfreibetrag geltend gemacht werden. Dieser wird auch dann berücksichtigt, wenn der Arbeitnehmer Kindergeld bekommt. Damit kann beispielsweise das Brutto-Einkommen bei Ehepaaren mit drei Kindern und einem Arbeitnehmer auf rund 50.000 Euro pro Jahr steigen, ohne dass der Anspruch auf Arbeitnehmersparzulage erlischt.

Bis zu 400 Euro jährliche Sparleistung werden mit 20 Prozent Arbeitnehmer-Sparzulage gefördert, wenn das Jahreseinkommen bei Ledigen maximal 20.000 Euro und bei Verheirateten höchstens 40.000 Euro beträgt.

## Bausparvertrag oder Baukredittilgung

| | | | | |
|---|---|---|---|---|
| Hohe Renditechance | ★☆☆ | Einsatzgebiete: | | |
| Hohe Anlagesicherheit | ★★★ | Geldreserve | ☆☆☆ | |
| Ohne Verluste schnell verfügbar | ☆☆☆ | Sparen auf Anschaffungen | ★★★ | |
| Gut zu vergleichen | ★★☆ | Altersvorsorge | ☆☆☆ | |
| Frei von Zusatzkosten | ☆☆☆ | Vermögensbildung | ★☆☆ | |
| Sparplan | ★★★ | | | |
| Einmalanlage | ☆☆☆ | | | |

Für eine Anlagesumme von bis zu 470 Euro pro Jahr gibt es 9 Prozent Arbeitnehmer-Sparzulage, wenn die Raten für sogenannte wohnwirtschaftliche Zwecke verwendet werden. Dazu zählt beispielsweise das Besparen eines Bausparvertrags – auch wenn das Guthaben nach siebenjähriger Sperrfrist und Vertragszuteilung für andere Zwecke als für die Eigenheimfinanzierung verwendet wird. Für reine Geldanleger ohne Finanzierungsabsicht sind dabei die sogenannten Renditetarife interessant, denen meist ein höherer Grundzins oder ein Bonus bei Verzicht auf den Bausparkredit gezahlt wird. Was nur wenige wissen: Die vL-Raten können bei gleicher Zulage auch direkt in die Tilgung eines normalen Baudarlehens fließen. Für den Kunden ist das oft interessanter als das Bausparen, weil die eingesparten Kreditzinsen höher sind als die Zinsen für das Bausparguthaben.

Die Einkommensgrenze sind bei dieser Variante niedriger als beim Aktienfondssparen. Ledige dürfen höchstens 17.900 Euro und Verheiratete maximal 35.800 Euro im Jahr verdienen. Auch hier erhöhen die bereits genannten steuerlichen Abzüge die reale Einkommensgrenze.

Für Bauspar-Raten, die nicht schon im Rahmen der Arbeitnehmer-Sparzulage gefördert werden, kann Wohnungsbauprämie gewährt werden. Bis zu einer jährlichen Sparleistung von 512 Euro bei Ledigen und 1.024 Euro bei Ehepaaren werden mit 8,8 Prozent Wohnungsbauprämie aufgebessert. Hier liegt die Einkommensgrenze bei 25.600 Euro für Ledige und 51.200 Euro für Verheiratete. Wie auch bei der Arbeitnehmersparzulage ist das zu versteuernde Jahreseinkommen der ausschlaggebende Faktor, sodass dank verschiedener Freibeträge und Sonderausgaben auch bei höherem Bruttoeinkommen eine Förderung möglich sein kann.

Ebenfalls analog zur Arbeitnehmer-Sparzulage gibt es gewisse Bedingungen für die Auszahlung der Wohnungsbauprämie. So muss bei der Auszahlung des Guthabens nachgewiesen werden, dass das Geld in die wohnwirtschaftliche Verwendung fließt. Dazu zählt nicht nur die Neu- oder Anschlussfinanzierung der selbstgenutzten oder vermieteten Wohnimmobilie. Auch die Investition in Renovierung und Modernisierung wie etwa der Austausch von Fenstern oder die Isolierung des Dachs fallen in diese Rubrik. Ebenfalls problemlos ist der Erwerb von dauerhaften Wohn- und Nutzungsrechten wie beispielsweise der Einkauf in ein Seniorenstift.

Eine weitere wichtige Bedingung besteht darin, dass der Vertrag die Zuteilungsreife erreicht hat und der Bausparer damit berechtigt ist, bei Bedarf auch das Darlehen abzurufen. Dies ist meist dann der Fall, wenn sich beim regelmäßigen Sparen im Zeitraum von rund sieben Jahren etwa die Hälfte der Vertragssumme als Guthaben angesammelt hat. Ist die Zuteilungsreife nicht erreicht, kann im Fall einer vorzeitigen Verfügung die Wohnungsbauprämie trotz wohnwirtschaftlicher Verwendung verloren gehen. Die unschädliche zweckfremde Verwendung von Bausparguthaben nach Ablauf von sieben Jahren ist nur noch möglich, wenn der Vertrag vor dem 1. Januar 2009 abgeschlossen worden ist. Ausnahme: Wenn der Bausparer beim Abschluss des Vertrags das 25. Lebensjahr noch nicht vollendet hat, kann er nach sieben Jahren das Guthaben auch anderweitig verwenden, ohne dass die Wohnungsbauprämie gestrichen wird.

## Ungeförderte Anlageformen

| | | | |
|---|---|---|---|
| Hohe Renditechance | ☆☆☆ | Einsatzgebiete: | |
| Hohe Anlagesicherheit | ★★★ | Geldreserve | ☆☆☆ |
| Ohne Verluste schnell verfügbar | ☆☆☆ | Sparen auf Anschaffungen | ★★★ |
| Gut zu vergleichen | ★★★ | Altersvorsorge | ☆☆☆ |
| Frei von Zusatzkosten | ★★★ | Vermögensbildung | ★☆☆ |
| Sparplan | ★★★ | | |
| Einmalanlage | ☆☆☆ | | |

(Diese Kriterien gelten nur für das Banksparen, da eine Kapitallebensversicherung im Rahmen der vL generell wenig empfehlenswert ist.)

Über die bereits beschriebenen hinaus gibt es noch die Möglichkeit, ohne Anspruch auf Arbeitnehmer-Sparzulage vermögenswirksames Sparen zu betreiben. Banken und Sparkassen bieten für diesen Zweck Ratensparverträge an, die in Bezug auf Anlagesicherheit und Renditechance dem klassischen Ratensparvertrag (siehe Seite 21) entsprechen. Das Banksparen ist geeignet, wenn das Einkommen über der Zulagengrenze liegt und das Geld für spätere Anschaffungen wie beispielsweise Verwendung finden soll.

Auch der Abschluss einer kapitalbildenden Lebensversicherung ist im Rahmen des ungeförderten vermögenswirksamen Sparens möglich. Allerdings sind kapitalbildende Versicherungen nur wenig transparent und oftmals mit hohen internen Vertriebs- und Verwaltungskosten verbunden. Daher ist das Versicherungssparen in diesem Zusammenhang wenig empfehlenswert.

## Zuschüsse des Arbeitgebers

Unabhängig von der Sparform und vom Anspruch auf Arbeitnehmer-Sparzulage kann der Arbeitgeber Ihnen noch einen Zuschuss geben. Dies geschieht entweder auf freiwilliger Basis oder im Rahmen eines branchenweiten Tarifvertrags. In günstigen Fällen wird sogar die komplette Sparrate übernommen.

**Vermögenswirksame Leistungen im Überblick**

| Anlageform | staatliche Zulage | Anlagerisiko | geeignet für ... |
|---|---|---|---|
| Aktienfonds | ja | hoch | langfristige Vermögensbildung |
| Bausparen | ja | gering | Ansparen für Wohneigentum, Sparen auf Anschaffungen, Vermögensbildung |
| Banksparen | nein | gering | Sparen auf Anschaffungen, Vermögensbildung |
| Kapitalbildende Lebensversicherung | nein | gering | generell wenig empfehlenswert, da zu intransparent |

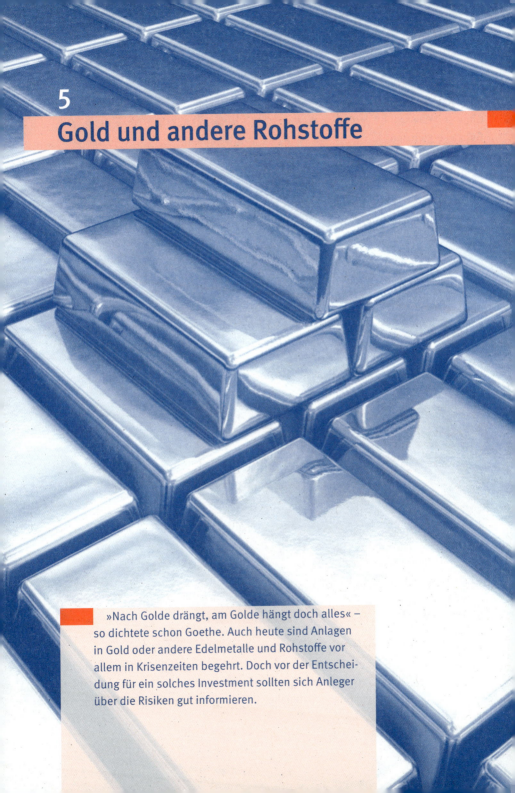

# 5
# Gold und andere Rohstoffe

»Nach Golde drängt, am Golde hängt doch alles« – so dichtete schon Goethe. Auch heute sind Anlagen in Gold oder andere Edelmetalle und Rohstoffe vor allem in Krisenzeiten begehrt. Doch vor der Entscheidung für ein solches Investment sollten sich Anleger über die Risiken gut informieren.

# Gold und andere Rohstoffe

| | | | | |
|---|---|---|---|---|
| Hohe Renditechance | ★☆☆ | Einsatzgebiete: | | |
| Hohe Anlagesicherheit | ★☆☆ | Geldreserve | ☆☆☆ | |
| Ohne Verluste schnell verfügbar | ★☆☆ | Sparen auf Anschaffungen | ☆☆☆ | |
| Gut zu vergleichen | ★★★ | Altersvorsorge | ★☆☆ | |
| Frei von Zusatzkosten | ☆☆☆ | Vermögensbildung | ★★☆ | |
| Sparplan | ☆☆☆ | | | |
| Einmalanlage | ★★★ | | | |

Rohstoffe betrachten viele Anleger als Sachwertanlage, die das Anlagekapital vor der Inflation schützen und in Krisenzeiten als »sicherer Hafen« dienen soll. Im Gespräch ist dabei in erster Linie Gold, aber auch andere Edelmetalle wie Platin, Silber oder Palladium werden häufig in der Anlageberatung oder in Anlegermagazinen behandelt. Für Edelmetalle spricht die Tatsache, dass Sie hier für Ihr Erspartes nicht nur eine Forderung, sondern einen realen Sachwert erhalten, dessen Werthaltigkeit nicht wie zum Beispiel bei Wertpapieren mit dem Erfolg und der Zuverlässigkeit eines Herausgebers steht und fällt.

▶ **Vorsicht!**

Mit Metallen oder Rohstoffen sind Sie nicht automatisch gegen jegliche Anlagerisiken gefeit. Edelmetalle werden an den internationalen Börsen gehandelt und unterliegen deshalb auch den Marktgesetzen von Angebot und Nachfrage. Hinzu kommen politische Einflüsse und schwer auszurechnende Anlegerreaktionen sowie industrielle Entwicklungen, die die Entwicklung der Preise teilweise völlig unberechenbar machen.

Auch wenn Kursausschläge teilweise nicht so extrem ausfallen wie etwa bei Aktien, müssen Sie als Edelmetallanleger immer damit rechnen, dass Ihr Kapital durch Kursverluste angegriffen wird. Dazu kommt die Tatsache, dass Rohstoffe keine laufende Verzinsung abwerfen, die Kursverluste zumindest teilweise ausgleichen könnte.

Beim Kauf von Gold in Form von Goldmünzen oder Medaillen fallen außerdem unterschiedlich hohe Aufgelder an, die zur Deckung der Prägekosten dienen, aber zum Teil auch den über den reinen Materialwert hinausgehenden ideellen Wert der

Anlagemöglichkeit wiedergeben. Bei einem Verkauf bekommt man dagegen meist nur den reinen Materialwert. Überdies müssen Sie sich bei Münzen oder Barren überlegen, wie sie diese sicher aufbewahren können. Wenn Sie dafür ein Bankschließfach mieten, kommen weitere Gebühren hinzu.

Außerdem sollten Sie sich vergegenwärtigen, dass Gold und die meisten anderen Rohstoffe in US-Dollar gehandelt werden. Neben den Preisschwankungen aufgrund von Angebot und Nachfrage beeinflusst das Wechselkursverhältnis zusätzlich Ihren Ertrag.

 **Wichtig!**
Meiden sollten Sie bei der Anlage in Gold vor allem Medaillen, die im Gegensatz zu Münzen keinen Nennwert einer bestimmten Währung verkörpern. Die Ausgabepreise von Medaillen sind meist mit sehr hohen Aufgeldern belastet.

Eine sinnvolle Alternative zum Kauf von physischen Edelmetallen können Fonds sein, die das Geld ihrer Kunden nicht in Aktien oder Anleihen, sondern direkt in Gold, Silber oder Platin investieren. Das Edelmetall steht als geschütztes Sondervermögen auch dann den Anlegern zu, wenn die Fondsgesellschaft Pleite machen würde.

 **Vorsicht!**
Verwechseln Sie die Rohstoff-Fonds nicht mit Aktienfonds, die lediglich in Aktien von Minenbetreibern investieren, und bevorzugen Sie Fonds, die in physische Edelmetallbarren anstatt in Zertifikate oder Derivate auf den jeweiligen Rohstoffpreis investieren.

Auch andere Rohstoffe, wie beispielsweise Öl, Industriemetalle oder Agrarprodukte, werden häufig als Kapitalanlage angeboten. Meist handelt es sich hierbei jedoch um Anlagezertifikate, die Schuldverschreibungen von Banken verkörpern und dadurch mit einem gewissen Bonitätsrisiko verbunden sind. Hier kann die Preisentwicklung stark von der weltweiten Konjunktur abhängig sein, so etwa bei Rohöl oder Industriemetallen. Bei Agrarprodukten wiederum können sich Witterungseinflüsse in positiver oder negativer Weise auf die Marktpreise auswirken. Wenn Sie überhaupt Rohstoffe als Anlageform in Betracht ziehen, sollten Sie sich lieber auf Edelmetalle beschränken.

# 6
# Worauf Sie verzichten können

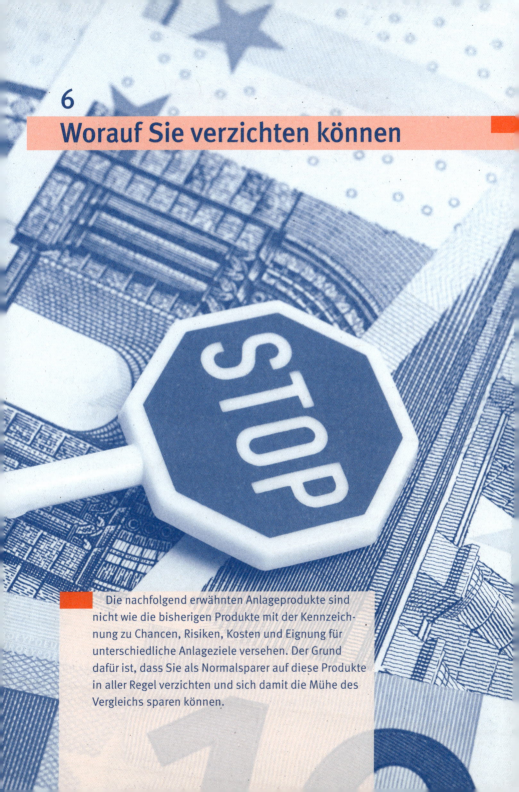

Die nachfolgend erwähnten Anlageprodukte sind nicht wie die bisherigen Produkte mit der Kennzeichnung zu Chancen, Risiken, Kosten und Eignung für unterschiedliche Anlageziele versehen. Der Grund dafür ist, dass Sie als Normalsparer auf diese Produkte in aller Regel verzichten und sich damit die Mühe des Vergleichs sparen können.

## Kapitalbildende Lebens- und Rentenversicherungen

Versicherungssparen ist eine wenig transparente Angelegenheit: Die Assekuranzen bieten zwar einen Garantiezins, doch dieser bezieht sich nur auf die reine Sparleistung – das ist die Einzahlung des Kunden abzüglich der Kosten für Risikoabsicherung, Verwaltung und Vertriebsprovisionen. Das Problem: Als Kunde erfahren Sie nicht, wie hoch Ihre tatsächliche Sparleistung ist, und damit können Sie die Renditechancen einer kapitalbildenden Lebens- oder Rentenversicherung kaum abschätzen.

Dazu kommt als weiterer Nachteil, dass diese Anlageformen sehr unflexibel sind. Zwar können Sie bei einem finanziellen Engpass die Versicherung stilllegen oder vorzeitig kündigen. Doch dabei müssen Sie mit drastischen Renditeeinbußen und im schlimmsten Fall sogar mit Verlusten rechnen. Änderungen der Monatsrate sind in aller Regel nicht möglich.

Die flexibelsten Modelle finden sich bei Riester- und Rürup-Verträgen sowie in der betrieblichen Altersvorsorge, wo das Versicherungssparen noch am ehesten seine Daseinsberechtigung hat. Ansonsten können Sie problemlos darauf verzichten.

> **[ ] Tipp: Sparen und Absichern möglichst trennen**
>
> Der vielgepriesene Todesfallschutz bei der kapitalbildenden Lebensversicherung ist nichts mehr wert, wenn Sie die Versicherung wegen Geldnot vorzeitig auflösen müssen. Daher sollten Sie Sparen und Absicherung trennen, indem Sie eine reine Risikolebensversicherung zum Schutz Ihrer Familie abschließen und Ihre Geldanlage mit separaten Sparplänen bestreiten.

## Fondsgebundene Versicherungen

Eine fondsgebundene Versicherung ist nichts anderes als eine Verknüpfung von Fondssparplan und Risikolebensversicherung. Allerdings haben Sie hierbei dieselbe Intransparenz und mangelnde Flexibilität wie bei der kapitalbildenden Versicherung: Sie erfahren nichts über die tatsächliche Kostenquote, können die Sparraten meistens nicht ändern und bekommen bei der vorzeitigen Auflösung Strafgebühren in Form von einbehaltenen Gewinnanteilen und Vertriebskosten aufgebrummt.

Diese Anlageform lohnt sich nur für den Vermittler, der für seine Verkaufserfolge weitaus höhere Provisionen erhält als dies beim getrennten Abschluss einer reinen Risikolebensversicherung und eines Fondssparplans der Fall wäre. Doch was für den Verkäufer weniger attraktiv ist, ist für den Sparer logischerweise die bessere und kostengünstigere Variante.

Der oftmals genannte Steuervorteil von fondsgebundenen Versicherungen im Vergleich zum Fondssparen ist weit weniger wert als häufig vermutet. Zwar stimmt es, dass die Erträge nur zur Hälfte steuerpflichtig sind, wenn die Versicherung mindestens 12 Jahre lang läuft und erst nach dem 60. Geburtstag ausgezahlt wird. Doch wer denkt, dass sich dann die Abgeltungsteuer von 25 Prozent auf 12,5 Prozent halbiert, irrt: Gewinne beim Versicherungssparen müssen zur Hälfte mit dem persönlichen Steuersatz versteuert werden – und bei einem Steuersatz von 40 Prozent liegt dann die Steuerbelastung bei 20 Prozent. Ob der geringe Steuervorteil die hohen Ertragseinbußen durch die Kostenbelastungen beim Versicherungssparen aufwiegen kann, darf bezweifelt werden.

Dasselbe gilt auch für fondsgebundene Rentenversicherungen, bei denen keine Absicherung für den Todesfall vorgesehen ist und lediglich ein Fondssparplan in die Hülle einer Versicherungspolice umgeleitet wird.

## Anlagezertifikate

Sie nennen sich Bonus-, Kapitalschutz-, Sprint- oder Basketzertifikate und die Banken werben damit, dass man mit solchen Papieren besonders attraktive Chancen an den Kapitalmärkten nutzen könne. Doch lassen Sie sich nicht blenden:

Anlagezertifikate dienen in erster Linie dazu, dass die Banken – letztlich auf Kosten der Anleger – ordentlich Geld verdienen. Die Themen der einzelnen Zertifikate, die oft Modetrends am Kapitalmarkt aufgreifen, sind willkommene Vehikel für die Marketingabteilungen, um mit eilig gestrickten Finanzprodukten Anlegergelder einzusammeln.

Aufgrund der oftmals komplizierten Verknüpfung verschiedener Klauseln, wie etwa die Zusage einer Kapitalgarantie gegen den Einbehalt von Gewinnanteilen oder eine hohe Verzinsung, wenn bestimmte Aktien nicht unter eine festgelegte Kursschwelle rutschen, wird die Anlage in Zertifikaten zum undurchschaubaren und unberechenbaren Spiel. Je komplizierter die Bedingungen, umso höher ist die Wahrscheinlichkeit, dass die Bank den Anleger bei der Gewinnbeteiligung unfair behandelt.

Wie schnell ein vermeintlich sicheres Zertifikat im schlimmsten Fall zur finanziellen Zeitbombe werden kann, hat die Pleite der US-Bank Lehman Brothers gezeigt: Die Bank hatte in Deutschland Dutzende Kapitalschutz-Zertifikate im Umlauf – doch weil Anlagezertifikate nicht von der Einlagensicherung abgedeckt werden, waren die Papiere nach der Pleite nichts mehr wert.

**Fazit:** Anlagezertifikate sind eine Spielerei, die niemand haben muss. Wenn Sie am Aktienmarkt investieren wollen, dann ist ein Investmentfonds die beste Wahl. Wenn Sie sichere Zinsen erwirtschaften wollen, dann prüfen Sie Spar- und Anlageangebote von Banken oder Bundeswertpapiere.

## Geschlossene Fonds

Mit Investmentfonds haben geschlossene Fonds nichts zu tun. Es handelt sich nämlich um unternehmerische Beteiligungsmodelle, bei denen für ein bestimmtes Investitionsprojekt Geldgeber geworben werden. Wenn die erforderliche Summe hereingeholt wird, dann wird vom Fondsinitiator der Fonds geschlossen und die Investitionen beginnen.

Eine Kontrolle durch staatliche Aufsichtsbehörden wie bei Investmentfonds oder Banken gibt es für die Initiatoren geschlossener Fonds nicht. Daher zählen diese Produkte zum grauen Kapitalmarkt. Zwar gibt es durchaus seriöse und solide kalkulierte Angebote, aber mangels einer rechtlichen Kontrollinstanz ist in diesem Anlagesegment der Anteil schwarzer Schafe recht hoch.

Problematisch sind die hohen Verwaltungs- und Vertriebskosten, die bei manchen Fondsofferten bei weit über 20 Prozent des eingesammelten Kapitals liegen. Überdies binden sich Anleger über viele Jahre hinweg an die Beteiligung. Ein Verkauf oder die vorzeitige Rückgabe der Anteile ist – wenn überhaupt – nur mit hohen Renditeeinbußen möglich.

Egal ob in Immobilien, Schiffe, Flugzeugleasing oder andere unternehmerische Projekte investiert werden soll: Für Normalanleger mit durchschnittlichem Einkommen und Vermögen sind geschlossene Fonds generell nicht empfehlenswert. Hüten Sie sich insbesondere vor Beteiligungsmodellen, bei denen Ihnen hohe Renditen für kleine monatliche Sparraten in Aussicht gestellt werden – der Großteil dieser Offerten hat in der Vergangenheit die Renditeerwartungen nicht erfüllt. Besonders riskant sind geschlossene Fonds, bei denen die Entscheidung für das Anlageobjekt erst nach dem Einsammeln der Anlegergelder erfolgt. Hier kaufen Sie praktisch die Katze im Sack, und das sollten Sie bei der Geldanlage niemals tun.

## Privatplatzierungen

Als Privatplatzierung wird die Veräußerung von Wertpapieren außerhalb der Börse bezeichnet. Insbesondere Aktien, Genussscheine und Anleihen werden oftmals von kleineren

Unternehmen entweder im »Direktverkauf« oder über Finanzvermittler angeboten. Im Visier haben die Verkäufer häufig Verbraucher, die kleinere Einmalbeträge fest anlegen wollen.

Die Privatplatzierung von Aktien findet meist im sogenannten Telefonhandel statt. Die Händler sind keine Börsenmakler, sondern kleine Wertpapierhäuser, die Aktien von Unternehmen kaufen und verkaufen, die nicht an den Börsen gelistet sind. Denn das gehandelte Volumen ist meist so gering, dass sich für die Unternehmen eine offizielle Börsennotierung – selbst im vergleichsweise günstigen Freiverkehr – nicht lohnt. Gelockt werden Anleger mit günstigen Bewertungen und der Aussicht, bei einem späteren »richtigen« Börsengang hohe Gewinne erzielen zu können. Aber in Wirklichkeit ist die Verlustgefahr im außerbörslichen Handel hoch, weil es sich meist um junge, kleine und kaum durchschaubare Unternehmen handelt. Viele Aktien werden über Wochen oder gar Monate hinweg überhaupt nicht gehandelt. Wird ein geplanter Börsengang verschoben oder gar abgesagt, können sowohl die Kurse als auch die Umsätze in sich zusammenbrechen. Dazu kommt, dass die Gesellschaften nicht verpflichtet sind, regelmäßig Zahlen und wichtige Ereignisse zu veröffentlichen. Wenn der jährliche Geschäftsbericht böse Überraschungen offenlegt, ist es für einen glimpflichen Ausstieg zu spät.

Anleihen oder Genussscheine werden meist direkt von den Unternehmen angeboten. Auch hier können Sie als Anleger kaum einschätzen, wie es um die finanzielle Solidität der Herausgeber bestellt ist. Ein verlässliches Rating wie bei den meisten börsennotierten Staats- oder Unternehmensanleihen gibt es nämlich nicht. Angesichts der Tatsache, dass solche Anlagen im Vergleich zu sicheren Sparbriefen oft nur einen Zinsvorteil von vier bis fünf Prozentpunkten bringen, ist von solchen Anlagen abzuraten. Weil diese Papiere keiner Einlagensicherung unterliegen, ist das Geld meist komplett weg, wenn der Hausgeber in die Insolvenz schlittert. Wie riskant solche »Wertpapiere« sind, haben Pleiten wie die der Wohnungsbaugesellschaft Leipzig-West, der DM Beteiligungen AG (die nichts mit der Drogeriemarktkette zu tun hat) und der EECH AG gezeigt – hier haben arglose Anleger mehrere hundert Millionen Euro verloren.

## Direktanlage in Wertpapiere bei kleineren Anlagesummen

Der direkte Erwerb von Aktien oder Anleihen ist ganz sicher nichts Unseriöses. Allerdings ist die Direktanlage in börsennotierte Wertpapiere nicht für alle Anleger geeignet. Sie benötigen viel Zeit und gute Kenntnisse der Finanzmärkte, um die richtige Mischung aus zukunftsträchtigen Wertpapieren zusammenzustellen. Dies allein wäre zwar eine Anforderung, der auch Anleger mit kleinen Beträgen gerecht werden könnten. Doch in Bezug auf die in diesem Buch geltende Voraussetzung, dass monatliche Sparraten ab 50 Euro oder Einmalanlagen von 500 bis 1.000 Euro möglich sein sollen, scheitert das Direktinvestment in Aktien oder Anleihen an den Nebenkosten.

Selbst günstige Direktbanken, die keine Wertpapierberatung bieten und die ihnen erteilten Aufträge lediglich ausführen, verlangen pro Transaktion mindestens 10 Euro. Wenn die Transaktionsgebühren nicht mehr als ein Prozent der Anlagesumme ausmachen sollen, ergibt sich daraus eine Mindestordergröße von 1.000 Euro.

Nun ist es jedoch nicht damit getan, dass Sie eine einzelne Aktie kaufen und damit Ihr Geld gut an der Börse investiert haben. Viel zu groß wäre dabei das Risiko, dass das Unternehmen wegen Missmanagement hohe Verluste erleidet oder dass das jeweilige Marktsegment aus der Mode kommt. Um solche einzelne Missgriffe auszugleichen, sollte das Aktieninvestment über verschiedene Branchen, Wirtschaftsregionen und Einzeltitel gestreut werden. Mindestens sieben gut sortierte Einzelaktien sollten in einem Depot vorhanden sein, damit sich die

Schwankungen gegenseitig spürbar dämpfen – das ist eine bewährte Börsenregel.

Ähnliches gilt auch für Anleihen, sofern es sich nicht um sichere Bundeswertpapiere handelt, sondern um Unternehmensanleihen. Auch hier hat die Vergangenheit gezeigt, dass selbst scheinbar solide Schuldner schneller in Zahlungsschwierigkeiten kommen können, als es sich die Anleger vorstellen konnten.

> **[ ] Tipp: Investmentfonds als Alternative**
>
> Statt auf Einzeltitel sollten Sie auf entsprechende Investmentfonds setzen, wenn es um Aktien, Unternehmensanleihen oder Staatsanleihen von Schwellenländern geht.

# So planen Sie richtig

# 7
# Die Spielregeln beim Anlegen

Nach der Lektüre des ersten Teils dieses Buches wissen Sie nun, welche Chancen und Risiken mit den einzelnen Anlageprodukten verbunden sind. Damit verfügen Sie sozusagen über die Puzzleteile, die Sie als Privatanleger benötigen. Im zweiten Teil erfahren Sie, wie Sie die Einzelteile so zusammensetzen, dass sich – um bei diesem Vergleich zu bleiben – daraus ein sinnvolles Gesamtbild ergibt.

Diese Aufgabe sollten Sie nicht unterschätzen, denn die richtige Aufteilung des Gesamtvermögens hat mehr Einfluss auf den Anlageerfolg als die Auswahl der Einzelprodukte. So gehen beispielsweise Fondsexperten davon aus, dass 80 bis 85 Prozent des langfristigen Anlageerfolges dadurch zustande kommen, dass die Mischung von Aktien und Anleihen möglichst optimal zum Bedarf des Anlegers passt. Nur die restlichen 15 bis 20 Prozent des Erfolgs resultieren daraus, dass der Anleger bei der Auswahl der Einzelfonds den richtigen Riecher hat.

Daher sollten Sie auch bei der Anlage von kleinen Beträgen Ihre Finanzen sorgfältig planen, was übrigens nicht kompliziert ist. Die Zeit, die Sie dafür benötigen, wird sich in Form von zusätzlichem Ertrag und vermiedenen Verlusten auszahlen.

## So haben Sie Einnahmen und Ausgaben im Griff

Der erste wichtige Schritt zum systematischen Umgang mit Geld besteht darin, sich einen realistischen Überblick über die laufenden Einnahmen und Ausgaben zu verschaffen. Auch wenn Sie meinen, dass Sie das ohne Dokumentation ganz gut einschätzen können, sollten Sie sich dennoch die Mühe machen und Ihre Geldbewegungen auflisten. Das Gefühl kann nämlich oft trügen – und so mancher Ausgabenposten ist bei genauer Betrachtung deutlich umfangreicher als spontan angenommen!

Zwei Schuhkartons und ein Haushaltsbuch: Mit diesem bescheidenen Zubehör können Sie beginnen, Ihre Geldzuflüsse und die Abflüsse systematisch zu erfassen. Gewöhnen Sie es sich an, beim Einkaufen oder Tanken stets den Kassenzettel mit nach Hause zu nehmen. Dort wandert er dann in den ersten Karton, wo die noch einzutragenden Belege gesammelt werden. Auch Ihre Kontoauszüge sollten Sie zunächst dort deponieren. Dort finden Sie nämlich die Lastschriften, die ohne Extrabeleg von Ihrem Girokonto abgebucht werden.

Am besten ein Mal pro Woche sollten Sie sich Zeit nehmen, um die gesammelten Belege in das Haushaltsbuch zu übertragen. Nach dieser Erfassung kommen sie in die zweite Kiste, wo die nun eingetragenen Belege zwischengelagert werden. Je nach Wichtigkeit können sie von dort aus dann abgelegt oder entsorgt werden.

Ob Sie das Haushaltsbuch auf Papier oder als Tabellenkalkulation auf dem Computer, als Vordruck oder eher formlos führen, ist zweitrangig. Wichtig ist jedoch, dass Sie sowohl die Einnahmen wie auch die Ausgaben in bestimmten Rubriken katalogisieren, damit Sie den optimalen Überblick über Ihr finanzielles Verhalten haben. Dabei können Sie sich an den nachfolgend aufgeführten Rubriken orientieren:

**Einnahmen.** Hier ist die monatliche Gehalts- oder Rentenzahlung zu finden, hinzu kommen je nach persönlicher Situation Kindergeld, Erziehungsgeld, Eigenheimzulage sowie Zins- oder Dividendenausschüttungen.

**Lebenshaltungskosten.** Hier werden die Aufwendungen eingetragen, die aus dem täglichen Bedarf resultieren. Dazu zählen unter anderem Lebensmittel, Kosmetika und Körperpflege, aber auch kleine Anschaffungen wie Bücher oder CDs.

**Gebühren, Abos, Dienstleistungen.** In dieser Kategorie befinden sich Rundfunkgebühren sowie Ausgaben für Zeitungen, Zeitschriften, Fahrkarten, Kontoführung und Telefon. Auch Versicherungsbeiträge sind hier zu finden. Wenn diese nur ein Mal pro Jahr abgebucht werden, sollten Sie den Betrag durch zwölf teilen und das Ergebnis als monatlichen Anteil in Ihrer Einnahmen- und Ausgaben-Rechnung berücksichtigen.

**Anschaffungen.** Hier finden sich größere Einkäufe wie beispielsweise Schuhe und Kleidung, Möbel, Haushaltsgeräte oder Unterhaltungselektronik.

**Kinder.** Um den finanziellen Bedarf Ihrer Kinder richtig einzuschätzen, sollten Sie hier alle Ausgaben bündeln, die für Ihre Kinder notwendig sind – so etwa Kindergartengebühren, Lernmaterialien für die Schule, Taschengeld, Anschaffungen wie Kleider oder Spielzeug für die Kinder oder Zuschüsse für Schulausflüge oder Schullandheim.

**Auto.** Hier kommt mehr zusammen, als Sie vielleicht denken: Nicht nur die Benzinbelege, sondern auch Inspektionen und Reparaturen sowie jeden Monat ein Zwölftel der jährlichen Kfz-Steuer und Versicherung.

**Wohnen.** Was hier aufgeführt wird, hängt davon ab, ob Sie Mieter oder Eigentümer sind. Mietzahlungen, Raten für Baukredite, Grundsteuer, Nebenkosten sowie die Kosten für Wasser, Strom und Müllabfuhr, die Gebäude- oder Hausratversicherung sind hier zu finden.

**Kredit- und Sparraten.** Das Verhältnis von Sparraten zu Kreditraten gibt Ihnen eine wichtige Information: Sie sehen gleich, ob Sie vorausschauend auf künftige Anschaffungen ansparen oder ob Sie Ihren bereits getätigten Käufen per Ratenkredit »hinterhersparen«.

**Persönliche Extras.** Die Ausgaben für die kleineren oder größeren Extras sollten Sie getrennt von der laufenden Lebenshaltung aufzuführen. Hier finden Sie die Ausgaben fürs Ausgehen oder für Ihre Hobbys, aber auch – wieder durch das Teilen der jährlichen Kosten durch zwölf – den monatlichen Anteil für Urlaub und Reisen.

Auch wenn es etwas Mühe macht, sollten Sie zumindest über einige Monate die Führung des Haushaltsbuchs konsequent betreiben. So bietet sich auch die Gelegenheit, Ihre Ausgaben auf überflüssige Posten zu prüfen. In den alltäglichen Kleinigkeiten verstecken sich viele Einsparpotenziale, die sich zu stattlichen Summen addieren können. Hier einige Beispiele:

**Bei größeren Anschaffungen Preise vergleichen.** Ob Haushaltsgeräte, Auto, Möbel oder Unterhaltungselektronik – beim Kauf höherwertiger Güter können Sie viel Geld sparen, wenn Sie sich bei verschiedenen Händlern nach den Preisen erkundigen. Über das Internet können Sie den Vergleich sogar bequem von zu Hause aus durchführen, indem Sie einige Online-Shops durchforsten. Nicht selten finden Sie günstige Angebote auch bei Fachhändlern mit gutem Service, die gerade für ein bestimmtes Produkt eine Sonderaktion durchführen.

**Abos prüfen.** Lesen Sie wirklich jede Zeitschrift und Zeitung, die Sie bekommen? Wenn nicht, sollten Sie überflüssige Abos einfach kündigen.

**Ernährungsverhalten analysieren.** Hier geht es nicht darum, dass Sie gute Lebensmittel durch minderwertige Ware ersetzen. Im Gegenteil: Fertiggerichte bieten meist wenig Frische und sind teuer. Mit saisonaler Frischware wird das Kochen zwar etwas zeitaufwendiger, aber in aller Regel deutlich kostengünstiger – und ganz nebenbei auch gesünder.

**Günstiger telefonieren.** Wie viel Geld geben Sie fürs Handy und für Telefongespräche aus? Mit Flatrates, günstigen Vorwahlnummern für Auslandsgespräche oder dem Umstieg auf billigere Handytarife lassen sich jährlich Summen in bis zu dreistelliger Höhe einsparen.

Zwar erscheinen die Beträge, die sich durch solche Verhaltensänderungen einsparen lassen, recht gering. Doch weil die Ausgaben ständig wiederkehren, summieren sich hier kleine Beträge im Lauf der Zeit zu hohen Summen. Wenn Sie beispielsweise Ihre monatliche Telefonrechnung im Schnitt um 15 Euro reduzieren, sparen Sie im Lauf von fünf Jahren 900 Euro!

Das Haushaltsbuch liefert Ihnen eine klare Standortbestimmung und zeigt frühzeitig an, wenn Sie über Ihre Verhältnisse leben. Auf der anderen Seite sehen Sie auch schnell, wie viel

Geld Ihnen monatlich oder jährlich für Sparen, Altersvorsorge und Vermögensbildung zur Verfügung steht. Auf diese Weise müssen Sie Ihre Finanzplanung nicht dem Zufall überlassen, sondern können Ihr Geld gezielt anlegen.

## Wie Sie Ihre Sparziele festlegen

Wenn Sie Geld anlegen oder einen Sparplan abschließen, dann sollten Sie wissen, wofür Sie das Guthaben einsetzen wollen. Wollen Sie damit eine ganz bestimmte Anschaffung finanzieren oder möchten Sie das Geld ohne bestimmten Verwendungszweck langfristig auf die hohe Kante legen? Solche Überlegungen haben großen Einfluss auf die Auswahl der geeigneten Anlageprodukte. Auch wenn die individuellen Sparziele ganz unterschiedlich sein können, lassen sie sich doch in eine der vier nachfolgenden Kategorien einordnen. Das vereinfacht die Finanzplanung ganz gewaltig, wie Sie gleich sehen werden. Doch zunächst hier nun die vier wichtigsten Sparziele:

Die **Liquidität** dient dazu, dass Sie bei ungeplanten Ausgaben – wenn beispielsweise die Waschmaschine den Geist aufgibt und dringend eine neue her muss – nicht gleich einen teuren Raten- oder Dispokredit aufnehmen müssen. Das Geld sollte auf jeden Fall sicher angelegt und rasch verfügbar sein. Als Faustregel gilt, dass die Liquiditätsreserve etwa zwei bis drei Nettomonatsgehälter betragen sollte.

Beim **Anschaffungssparen** ist die Spardauer meist auf wenige Jahre begrenzt und oftmals soll das Geld zu einem bestimmten Zeitpunkt zur Verfügung stehen. Weil Sie Wertverluste nicht einfach aussitzen können, indem Sie das Geld nochmals fünf Jahre liegenlassen, steht auch hier die Sicherheit ganz klar im Vordergrund. Bei der Verfügbarkeit kommt es darauf an, ob der Zeitpunkt der Investition fest eingeplant ist oder ob Sie innerhalb eines bestimmten Zeitrahmens darauf zugreifen möchten.

Bei der **Altersvorsorge** geht es um den langfristigen und stetigen Aufbau von Kapital. Aus dem Endguthaben soll später einmal Ihre Rente aufgebessert werden. Kurzfristige Verfügbarkeit ist dabei in der Regel nicht notwendig. Die Sicherheit der Anlage sollte im Lauf der Zeit stetig zunehmen oder von vornherein auf ein klar begrenztes Anlagerisiko abgestimmt werden.

**Vermögensbildung** kann mit den Beträgen betrieben werden, die nicht für die Reservenbildung, das Anschaffungssparen oder die Altersvorsorge notwendig sind. Hier können Sie im Rahmen Ihrer persönlichen Risikoneigung auch eine höhere Schwankungsintensität in Kauf nehmen, weil dieses Guthaben nicht von vornherein zweckgebunden ist. Gleichwohl sollten Sie auf Flexibilität achten, um bei einer Veränderung der Marktverhältnisse schnell reagieren und Ihre Anlagen umschichten zu können.

Nun gilt es noch, diese vier Kategorien in die richtige Rangfolge zu bringen, damit Sie nicht am falschen Ende mit der Geldanlage beginnen. So würde Ihnen der langfristige Vermögensaufbau mit Aktienfonds wenig nützen, wenn Sie dringend eine Anschaffung finanzieren müssen, keine Liquiditätsreserve haben und die Börse tief im Minus steckt.

Daher lautet die Reihenfolge: Zuerst kommt die Liquidität, danach sollte auf wirklich wichtige Anschaffungen gespart werden. Direkt im Anschluss daran folgt die Altersvorsorge und am Schluss kommt die Vermögensbildung. Das können Sie sich auch als »Geldbrunnen« mit vier Schalen vorstellen, bei dem sich die nächste Schale immer dann füllt, wenn die darüberliegende Schale den notwendigen Pegel überschritten hat.

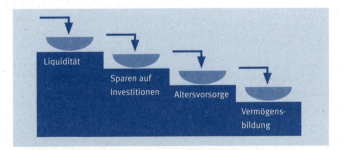

## Welche Rolle die Steuern spielen

Jeder Anleger kann 801 Euro pro Jahr an Kapitalerträgen steuerfrei einnehmen, denn bis zu dieser Höhe – bei Verheirateten bis 1.602 Euro – gilt der sogenannte Sparerpauschbetrag. Wenn der Pauschbetrag ausgeschöpft ist, werden alle Kapitalerträge mit der Abgeltungssteuer belegt. Diese wird zwar mit 25 Prozent angegeben, ist in der Realität jedoch höher, weil Solidaritätszuschlag und gegebenenfalls Kirchensteuer hinzukommen. Beachten Sie, dass es für bestimmte Anlageformen Ausnahmeregelungen gibt.

**Offene Immobilienfonds.** Hier dürfen die Veräußerungsgewinne aus Immobiliengeschäften steuerfrei ausgeschüttet werden, wenn die Immobilie mindestens zehn Jahre im Bestand war. Außerdem können Immobilienfonds-Investoren auf Steuervergünstigungen bei Mieteinnahmen hoffen, wenn es sich um Fondsimmobilien handelt, deren Standort sich im Ausland befindet.

**Versicherungssparen.** Bei Kapitallebens- oder Rentenversicherungen kommt es darauf an, zu welchem Zeitpunkt Sie den Vertrag geschlossen haben. Wenn Sie vor dem 1. Januar 2005 eine kapitalbildende Lebens- oder Rentenversicherung abgeschlossen haben, können Sie einen wichtigen steuerlichen Vorteil verbuchen: Bei einer Laufzeit von mindestens zwölf Jahren und einer Beitragszahlungsdauer von mindestens fünf Jahren bleiben die Erträge steuerfrei. Für alle Abschlüsse seit Januar 2005 gilt: Erfolgt die Auszahlung nach der Vollendung des 60. Lebensjahrs, müssen die Gewinne zur Hälfte versteuert werden. Wird die Versicherung vorher ausgezahlt, ist sogar der ganze Gewinn steuerpflichtig. Hier gilt dann nicht die niedrige pauschale Abgeltungsteuer, sondern der persönliche Steuersatz, mit dem auch andere Einkünfte zu versteuern sind. Diese Regelungen gelten für private Kapitallebens- und Rentenversicherungen – sowohl klassische wie auch fondsgebundene Varianten –, nicht aber für Riester- und Rürup-Renten.

**Altersvorsorge.** Beim staatlich geförderten Vorsorgesparen – Riester-Rente, betriebliche Altersversorgung und Rürup-Rente – gilt das Prinzip der nachgelagerten Besteuerung. Vereinfacht ausgedrückt: Der Staat gewährt während der Ansparphase steuerliche Vergünstigungen und holt sich diese im Rentenalter wieder zurück. Während der Sparphase haben Anleger einen doppelten Vorteil. Zum einen erhalten sie entweder direkte Zuschüsse wie bei den Riester-Zulagen oder indirekte Zuschüsse wie die Steuervergünstigungen bei betrieblicher Altersversorgung und Rürup-Rente, und zum anderen schmälern die während der Sparphase anfallenden Gewinne nicht den Sparerfreibetrag. Dafür ist der Sparer bei der Auszahlung in der Rentenphase steuerlich schlechter gestellt als bei anderen Einkunftsarten, denn die Rentenzahlungen aus solchen Verträgen zählen in voller Höhe als steuerpflichtiges Einkommen.

Bei der Anlage kleiner Beträge haben Sie in steuerlicher Hinsicht einigen Freiraum, der jedoch ungewollt eingeschränkt werden kann – nämlich dann, wenn Sie in Anlagen mit Zinsansammlung investieren. Für das Finanzamt ist nämlich der Zeitpunkt der Zinsgutschrift maßgebend und wenn diese auf einen Schlag am Laufzeitende erfolgt, können die gesammelten Erträge mehrere Jahre Ihren Pauschbetrag sprengen. Lösen lässt sich dieses Problem, indem Sie bei Bedarf Anlageprodukte bevorzugen, bei denen die Zinsgutschrift jährlich erfolgt.

## Die passenden Anlageformen zu den einzelnen Sparzielen

Ob ein bestimmtes Anlageprodukt zu Ihrem jeweiligen Sparziel passt, hängt von drei Eigenschaften ab: der Sicherheit, der Verfügbarkeit und dem Ertrag. Diese drei Eigenschaften bezeichnen Finanzfachleute auch als »magisches Dreieck«. Die Bezeichnung passt recht gut, weil alle drei Merkmale niemals vollständig unter einen Hut zu bringen sind – ebensowenig wie alle Ecken eines Dreiecks auf einen einzigen Punkt passen.

Dazu können Sie sich die folgenden Merksätze einprägen:
- Eine sichere und überdurchschnittlich rentable Anlageform ist immer mit Einschränkungen bei der Verfügbarkeit verbunden. Beispiele: Festgelder, Sparbriefe oder Riester-Sparen.
- Eine schnell verfügbare und mit hohen Renditechancen verbundene Anlageform bringt Verlustrisiken mit sich. Beispiel: Aktienfonds.
- Eine schnell verfügbare und sichere Anlage bringt nur eine geringe Rendite. Beispiel: Tagesgeldkonto.

Alles andere stimmt nicht. So einfach ist das.

Und nun zurück zu den Sparzielen und den dazu passenden Anlageprodukten, die sich ganz einfach mit dem »magischen Dreieck« verknüpfen lassen. Das Profil der einzelnen Anlageformen können Sie nochmals im ersten Teil dieses Buchs nachschlagen, die Kriterien für die einzelnen Sparziele wurden auf den vorhergehenden Seiten erläutert. Daraus resultiert nun die folgende Übersicht:

| Sparziel | Passende Anlageprodukte |
| --- | --- |
| Liquiditätsreserve ⇢ Sparplan | Tagesgeldkonto, bei entsprechend guter Verzinsung eventuell Sparkonto |
| Liquiditätsreserve ⇢ Einmalanlage | Tagesgeldkonto, Sparkonto (siehe oben), ergänzend eventuell kurzlaufende Festgelder (maximal 3 Monate) |
| Anschaffungen ⇢ Sparplan | Ratensparvertrag, Bundeswertpapiere, Tagesgeldkonto, beim Immobiliensparen eventuell Bausparvertrag / Wohn-Riester |
| Anschaffungen ⇢ Einmalanlage | Sparbriefe, Festgelder, Bundeswertpapiere, Tagesgeldkonto |
| Altersvorsorge ⇢ Sparplan | Riester-Sparen, betriebliche Altersvorsorge, Rürup-Sparen, eventuell Fondssparpläne und Bundeswertpapiere |
| Altersvorsorge ⇢ Einmalanlage | Sonderzahlungen in Riester- oder Rürup-Verträge, Bundeswertpapiere, Mischfonds |
| Vermögensbildung ⇢ Sparplan | Investmentfonds, Bundeswertpapiere |
| Vermögensbildung ⇢ Einmalanlage | Investmentfonds, Bundeswertpapiere, eventuell Gold/Edelmetalle |

## Beispiel

Zum Abschluss dieses Kapitels noch ein Beispiel, wie sich mit ein paar wenigen Anlageprodukten eine vernünftige Finanzplanung aufstellen lässt:

**Ausgangslage.** Nach dem Abschluss seiner Ausbildung und erster Berufserfahrung verdient ein 23-Jähriger 1.300 Euro netto pro Monat. Nennenswertes Vermögen kann er noch nicht vorweisen, der Erwerb einer Wohnung ist nicht geplant. In den nächsten zwei bis drei Jahren soll das Auto ersetzt werden. Mit den vermögenswirksamen Leistungen, die zum größten Teil der Arbeitgeber übernimmt, wird ein Aktienfonds angespart. Für Sparen und Altersvorsorge stehen monatlich 150 Euro zur Verfügung.

**Ergebnis.** Weil mit dem Aktienfonds-Sparplan bereits der risikoorientierte Teil der Vermögensbildung abgedeckt ist, sollte sich dieser Sparer nun auf die Finanzierung künftiger Anschaffungen konzentrieren, um zum Zeitpunkt des Kaufs die Aufnahme teurer Anschaffungskredite vermeiden zu können. Gleichzeitig lohnt es sich jetzt schon, mit der Altersvorsorge zu beginnen. Daraus ergeben sich die folgenden Sparaktivitäten:

- 50 Euro pro Monat fließen per steuerfreier Gehaltsumwandlung in die betriebliche Altersvorsorge, die der Arbeitgeber in Form einer Pensionskasse anbietet.
- 100 Euro gehen per Dauerauftrag auf ein gut verzinstes Tagesgeldkonto bei einer Direktbank. Damit wird die eiserne Reserve aufgefüllt, und wenn der Kauf eines neuen Autos fällig ist, kann dieses Konto ebenfalls angezapft werden.

Die wichtigsten Grundregeln bei der Finanzplanung:

**Kleine Vermögen brauchen große Sicherheit.** Je niedriger Ihr Gesamtvermögen ist und je mehr Sie auf dessen Erhaltung angewiesen sind, umso konsequenter sollten Sie Anlagerisiken meiden.

**Die Anlage nach dem Einkommen ausrichten.** Je sicherer Ihr Arbeitsplatz und Ihr Einkommen, umso eher können Sie beim langfristigen Vermögensaufbau Schwankungsrisiken eingehen. Mit schwankendem oder unsicherem Einkommen sollten Sie hingegen bei der Geldanlage auf Nummer sicher gehen.

**Dem Alter gemäß anlegen.** Grundsätzlich gilt: Je älter ein Anleger ist, umso sicherer sollte das Vermögen angelegt werden – vor allem im Hinblick auf frühzeitige Rückstellungen für den Krankheits- oder Pflegefall.

**Mit der Anlagedauer steigt die Risikofähigkeit.** Je länger das Geld angelegt werden soll, umso eher können Sie Marktschwankungen in Kauf nehmen. Aktieninvestments sollten Sie auf Sicht von mindestens zehn Jahren auslegen.

**Schuldentilgung ist die beste Geldanlage.** Solange Sie Schulden haben, etwa in Form einer Baufinanzierung oder eines Anschaffungsdarlehens, sollte deren Tilgung absoluten Vorrang haben. Keine Geldanlage bringt bei absoluter Risikofreiheit eine so hohe Rendite wie eingesparte Kreditzinsen.

**Im Zweifel für die Sicherheit entscheiden.** Wenn Sie ein Anlageprodukt oder die damit verbundenen Risiken nicht ganz genau verstehen, sollten Sie lieber die Finger davon lassen.

# 8
# Vergleichen bringt Geld

»Im Einkauf liegt der Gewinn« – diese alte Kaufmannsregel gilt auch beim Einkauf von Finanzprodukten. Zwar ist der Vergleich nicht immer so einfach durchzuführen wie die Suche nach den preisgünstigen Angeboten im Supermarkt. Doch die Mühe lohnt sich allemal: Wer bei der Geldanlage den bestmöglichen Ertrag herausholt und die Nebenkosten konsequent minimiert, kann auch schon bei kleinen Anlagesummen richtig gut Geld herausholen.

Den Banken und Finanzdienstleistern ist natürlich wenig daran gelegen, ihre Angebote transparent und leicht vergleichbar zu machen. Daher wird bei den Nebenkosten und Zinszahlungen gern getrickst, damit das Angebot attraktiver erscheint, als es tatsächlich ist. Doch mit ein paar einfachen Maßnahmen können Sie beim Vergleichen der Offerten so vorgehen, dass Sie am Ende das Angebot herausfiltern können, das in der Realität und nicht nur auf dem Papier am günstigsten ist.

## Die besten Zinsangebote finden

»Sichern Sie sich bis zu 6 Prozent Zinsen!« – in Niedrigzinsphasen, in denen für fünfjährige sichere Anlagen kaum mehr als drei Prozent Rendite zu erwarten sind, erscheint so ein Angebot als ein echtes Schnäppchen für Zinsjäger. Doch das Angebot der Bank könnte wie folgt aussehen: In den ersten beiden Jahren gibt es jeweils 1 Prozent Zins, im dritten Jahr 3 Prozent, im vierten Jahr 4 Prozent und erst im fünften und letzten Jahr 6 Prozent – ein Angebot, wie man es häufig unter der Bezeichnung »Zuwachssparen« bei Banken und Sparkassen findet.

Damit sind die vermeintlichen Superzinsen deutlich zusammengeschrumpft. Zusammen macht das im Lauf von fünf Jahren 15 Prozent Zinsen, was unter Berücksichtigung des Zinseszinseffekts, der durch die Wiederanlage bereits gutgeschriebener Zinsen entsteht, einen jährlichen Effektivzins von gerade mal 2,98 Prozent ergibt.

Selbst der eigentliche Zins wird gern schöngerechnet, wie das folgende Beispiel zeigt:

### Beispiel

Eine Bank bietet Ihnen einen Sparbrief mit 4 Prozent gleichbleibendem jährlichen Festzins und sechs Jahren Laufzeit an. Weil das Endkapital bei 1.000 Euro Einmalanlage am Ende 1.265,32 Euro betrage, hätten Sie damit einen durchschnittlichen jährlichen Wertzuwachs von 4,42 Prozent, argumentiert der Banker.

Ist damit nun die Rendite höher als der ausgewiesene Jahreszins? Nein – denn mit dieser Milchmädchenrechnung wird der Zinseszinseffekt fälschlicherweise in eine Art »Extrarendite« umgewandelt. Das Endkapital ist nämlich immer höher als die Summe der Jahreszinsen, weil jedes Jahr der Zins gutgeschrieben wird und dieser Betrag sich in den Folgejahren mitverzinst.

Doch selbst dann, wenn Ihnen – zuweilen erst nach mehr oder weniger sanfter Druckausübung – die Rendite ausgewiesen wird, müssen Sie oftmals Äpfel mit Birnen vergleichen. Grund dafür sind beispielsweise unterschiedliche Laufzeiten, Mindestanlagesummen oder Zugriffsmodalitäten. So können Sie einen siebenjährigen Sparbrief nicht direkt mit einem Bundesschatzbrief vergleichen, der bei ebenfalls sieben Jahren Gesamtlaufzeit die Möglichkeit des vorzeitigen Zugriffs auf das Guthaben beinhaltet.

> **[ ] Tipp: Nur »Rendite« ist aussagekräftig**
>
> Achten Sie darauf, dass bei Zinsangeboten immer die Rendite ausgewiesen wird und keine Begriffe wie »Durchschnittszins« oder »Durchschnittlicher Wertzuwachs« auftauchen. Die Rendite ist nämlich ein feststehender Begriff, bei dem Mauscheleien mit dem Zinseszins ausgeschlossen sind.

Auch die Frage, ob es sich um einen variablen oder um einen festen Zins handelt, sollte nicht unterschätzt werden. Variable Zinsen gelten in erster Linie für kurzfristig verfügbare Anlageprodukte wie Tagesgeld- oder Sparkonten, während Festzinsen im Bereich der längerlaufenden Angebote wie Festgelder oder Sparbriefe zu finden sind.

Bei Ratensparplänen empfiehlt es sich aufgrund der oftmals komplizierten Bonusklauseln, die Entwicklung des Guthabens auf den geplanten Zeitraum hochrechnen zu lassen. Prüfen Sie dabei, ob es sich bei der Basisverzinsung um einen variablen oder um einen festen Zins handelt. Als Faustregel gilt: In Zeiten hoher Marktzinsen ist die Festzinsvariante empfehlenswerter, während Sie beim Abschluss in einer Niedrigzinsphase mit variablen Basiszins auf eine Zinserhöhung im Laufe der Zeit hoffen können.

> **[ ] Tipp: Konditionen-Historie prüfen**
>
> Zum Glücksspiel kann der Vergleich von Tagesgeldkonten werden, da hier ausschließlich variable Zinsen üblich sind und diese nach Gutdünken geändert werden können. Die Wahrscheinlichkeit kurzfristiger Lockangebote können Sie reduzieren, indem Sie das Verhalten der jeweiligen Bank in den vergangenen ein bis zwei Jahren auf den Prüfstand stellen: Hat die Bank in der Vergangenheit dauerhaft gute Zinsen gezahlt, dürfte sie dies mit hoher Wahrscheinlichkeit auch in Zukunft so beibehalten.

Nebenkosten brauchen bei den verzinsten Angeboten von Banken in aller Regel nicht berücksichtigt zu werden, da die Erhebung von Gebühren bei solchen Anlageprodukten unüblich ist. Zur Sicherheit sollten Sie sich dies bei der Einholung von Angeboten bestätigen lassen. Wenn eine Bank Gebühren verlangt, ist das Produkt vor allem bei kleineren Anlagebeträgen meist von vornherein keine wirtschaftliche Alternative.

Ob Tagesgeld, Festgeld, Ratensparplan oder Sparbrief: Die Chance, dass ausgerechnet Ihre Hausbank die besten Zinsen bietet, ist recht gering. Der Abschluss bei einer anderen Bank ist nur mit wenigen Formalitäten verbunden. Daher lohnt es sich, gezielt auf die Suche nach Zinsschnäppchen zu gehen. Informationen zu aktuellen Zinsen finden Sie in Vergleichsportalen im Internet, so beispielsweise auf:

www.test.de
www.vergleich.de
www.fmh.de
www.biallo.de

> **\* Wichtig!**
>
> Immer wieder sind in Deutschland Banken aktiv, deren Sitz sich im Ausland befindet und die oftmals überdurchschnittliche Zinsen bieten. Gerät ein solches Geldinstitut in Zahlungsnöte, müssen sich die deutschen Kunden mit der Einlagensicherung im jeweiligen Herkunftsland auseinandersetzen, was sprachlich und juristisch nicht ganz einfach sein dürfte. Auf der sicheren Seite sind Sie, wenn Sie ausschließlich Angebote von Banken mit Hauptsitz in Deutschland vergleichen.

**Kurz-Check zum Vergleich von Zinsangeboten:**

- Soll es sich um einen Sparplan oder um eine Einmalanlage handeln? ☐
- Wie lang ist die geplante Anlagedauer? ☐
- Wie hoch ist die Mindestanlage? ☐
- Sind Zuzahlungen bzw. Entnahmen vor der Fälligkeit möglich? ☐
- Wie lang sind in diesem Fall die Kündigungsfristen? ☐
- Wird die Rendite mit exakt dieser Bezeichnung ausgewiesen? ☐
- Ist die Verzinsung variabel oder fest? ☐
- Gehört die Bank einem deutschen Einlagensicherungssystem an? ☐

## Investmentfonds richtig vergleichen

Wenn Sie in Fonds investieren, haben Sie im Gegensatz zur Anlage bei Banken keine klare Aussage zur künftigen Rendite. Vor allem bei Aktienfonds kann die Wertentwicklung stark schwanken und in guten Börsenjahren ist ein zweistelliges Plus ebenso drin wie ein zweistelliges Minus in schlechten Jahren.

Maßgeblich abhängig ist die Fondsrendite vom Geschick des Fondsmanagements, das über die Zielinvestitionen entscheidet. Untersuchungen haben jedoch gezeigt, dass es langfristig nur rund ein Fünftel der Fondsmanager schafft, im Vergleich zum entsprechenden Index – bei Euroland-Aktienfonds wäre dies beispielsweise der EuroStoxx 50 – besser abzuschneiden.

Damit haben Sie auch nach einem sorgfältigen Auswahlprozess nicht die Gewähr, dass Sie wirklich den besten Fonds erwischt haben. Dennoch können Sie Ihre Trefferquote optimieren, indem Sie die beiden wichtigsten Qualitätsmerkmale unter die Lupe nehmen: die Gebührenstruktur und die in der Vergangenheit erzielte Rendite.

### Welche Fondsgebühren anfallen

Die Gebühren, die von der Fondsgesellschaft kassiert werden, gliedern sich in die jährlich wiederkehrenden Verwaltungsgebühren und den beim Kauf der Fondsanteile anfallenden Ausgabeaufschlag.

Die Verwaltungsgebühr, die auch als »Management Fee« bezeichnet wird, kann je nach Fondsgattung und Anbieter stark variieren. So verlangen günstige Aktienfondsanbieter weniger als 1 Prozent des Guthabens pro Jahr, während bei teuren Wettbewerbern der Gebührensatz doppelt so hoch liegen kann. Deutlich geringere Gebühren werden bei Renten- und Immobilienfonds verlangt, die jedoch auch nur ein eingeschränktes Renditepotenzial bieten. Die niedrigsten Gebührensätze sind bei Geldmarktfonds zu finden. Wie hoch die Verwaltungsgebühren sind, erfahren Sie im Verkaufsprospekt des Fonds.

Seit geraumer Zeit hat sich mit der Gewinnbeteiligung – im Branchenjargon auch als »Performance Fee« bekannt – eine weitere Gebührenvariante etabliert, die das Fondsinvestment zusätzlich verteuert. Zu unterscheiden sind bei der Berechnungsweise zwei Varianten, nämlich die absolute und die relative Gewinnbeteiligung:

- Bei der absoluten Gewinnbeteiligung kassiert das Fondsmanagement Extragebühren, wenn im Lauf eines Kalenderjahrs eine feste Mindestverzinsung überschritten wurde.
- Bei der relativen Gewinnbeteiligung werden Gebühren fällig, wenn der Fonds im Vergleich zu dem Aktien- oder Rentenindex, der dem Fondsportfolio am nächsten kommt, eine Überrendite erzielt. Das kann jedoch in Zeiten fallender Märkte zu zusätzlichen Belastungen für den Anleger führen: Fällt der Index um 12 Prozent, während der Fonds nur 8 Prozent Verlust machen würde, dann wird trotz Verlust eine Gewinnbeteiligung fällig.

Als Anleger sollten Sie darauf achten, dass ein Fonds im Vergleich zu konkurrierenden Produkten eine niedrigere Fixgebühr hat, wenn zusätzlich noch eine Gewinnbeteiligung fällig wird. Wo dies nicht der Fall ist, dient sie anstatt als Anreiz für das Fondsmanagement eher als ein Instrument, um den Kunden in guten Zeiten noch zusätzlich in die Tasche zu greifen.

> **\* Wichtig!**
> Die Gebührenhöhe allein sagt zwar noch nichts über die Qualität des Fonds aus. Allerdings müssen hohe Gebühren erst einmal durch entsprechende Renditen ausgeglichen werden. Dabei gilt: Je höher die Gebühren, umso schwieriger ist es für den Fondsmanager, für die Investoren eine attraktive Nettorendite zu erzielen.

Den Ausgabeaufschlag entrichten Sie – wie schon erwähnt – beim Kauf der Fondsanteile, und diese Gebühr wird in aller Regel an die Vertriebspartner als Verkaufsprovision weitergereicht. Die Höhe ist je nach Fondsgattung und Anbieter unterschiedlich hoch. Bei Geldmarktfonds wird zumeist kein Aufschlag verlangt, da dieses Investment immer sehr kurzfristig ausgelegt und der Verwaltungs- und Vertriebsaufwand praktisch gleich Null ist. Bei den meisten Rentenfonds liegt die Spanne zwischen 2,5 und 4 Prozent, Aktienfonds sind in der Regel mit Aufschlägen zwischen 4 und 6 Prozent verbunden. Lediglich ein paar sehr teure Anbieter liegen sogar noch oberhalb der 6-Prozent-Marke.

Viele Fondsgesellschaften bieten auch Aktienfonds ohne Ausgabeaufschlag an. Doch Vorsicht: Als Ausgleich für den Verzicht auf den Ausgabeaufschlag verlangen die Investmentgesellschaften für solche Fonds deutlich höhere Verwaltungsgebühren. Im Vergleich zum klassischen Fonds mit Ausgabeaufschlag liegen die laufenden jährlichen Kosten meist einen Prozentpunkt höher. Daraus errechnet sich auch, ab welchem Anlagehorizont sich der Fonds mit Ausgabeaufschlag lohnt. Als Faustregel gilt: Wer beispielsweise einen Fonds mit 5 Prozent Ausgabeaufschlag wählt, sollte sein Geld darin auch fünf Jahre lang angelegt lassen – bei kürzerer Anlagedauer wäre ein aufschlagfreier Fonds mit höherer Verwaltungsgebühr die günstigere Alternative.

> **Tipp: Nachlässe auf den Ausgabeaufschlag nutzen**
>
> Wenn Sie beim Ausgabeaufschlag Geld sparen wollen und für Ihre Anlageentscheidungen keinen Berater benötigen, sollten Sie den Fondserwerb über eine Direktbank oder einen Discountbroker in Betracht ziehen. Dort erhalten Sie meist hohe Nachlässe auf den Ausgabeaufschlag, bei einzelnen Fonds verzichten diese Anbieter sogar ganz auf den Ausgabeaufschlag, ohne dass Sie eine höhere jährliche Verwaltungsgebühr in Kauf nehmen müssen. Mit etwas Verhandlungsgeschick können Sie auch erreichen, dass bei Ihrer Hausbank der reguläre Ausgabeaufschlag reduziert wird.

## Nicht zu unterschätzen: Depotgebühren der Bank

Nicht nur auf Fondsebene fallen Gebühren an, denn Sie müssen die Fondsanteile ähnlich wie Aktien oder andere Wertpapiere im Wertpapierdepot einer Bank verwalten lassen. Manche Fondsgesellschaften haben eigene Bankabteilungen, die diese Dienstleistung anbieten. Die Alternative hierzu ist, die Anteile im Depot Ihrer Hausbank oder – meist deutlich kostengünstiger – bei einer Direktbank verwalten zu lassen.

Gerade bei kleineren Anlagebeträgen kann die Mindestgebühr für die Depotführung zum Renditekiller werden. Verlangt eine Bank jährlich 30 Euro als Mindestgebühr, dann kostet das den Anleger bei einer Anlagesumme von 500 Euro sechs Prozentpunkte – das ist eine vollkommen indiskutable Einbuße.

Bei Sparplänen mit kleinen Monatsraten oder kleineren Einmalanlagen sollten Sie daher Anbieter suchen, die nach Möglichkeit die Depotführung kostenlos übernehmen. Dabei sollten Sie jedoch darauf achten, dass keine Kostenfallen im Kleingedruckten lauern: Bei manchen Banken ist mit der kostenlosen

Depotführung plötzlich Schluss, wenn weniger als eine Transaktion pro Quartal durchgeführt oder beim Ratensparen eine längere Pause eingelegt wird.

### Wie Sie Qualitätsfonds erkennen

In jeder Fondsgattung stehen Ihnen mehrere hundert, teils sogar über tausend verschiedene Einzelfonds zur Wahl. Da wird es schwierig bis unmöglich, den Überblick zu behalten und die Spreu vom Weizen zu trennen. Vor diesem Hintergrund ist es empfehlenswert, auf eine bereits vorsortierte Empfehlungsliste zurückzugreifen – selbst wenn das Risiko einer Fehleinschätzung auch hier nicht ausgeschlossen werden kann.

Mithilfe von sogenannten Fondsratings versuchen Analysten, dem Anleger Orientierungshilfe bei der Auswahl zwischen den mehreren tausend in Deutschland zugelassenen Investmentfonds zu bieten. Ein für Privatanleger aussagekräftiges und kostenloses Internetangebot hat beispielsweise die Fondsratingagentur Morningstar, www.morningstarfonds.de.

Vergleichsmaßstab beim Fondsrating ist entweder die Wertentwicklung des Wertpapierindexes, dessen Zusammensetzung der Fondsmischung am ehesten spricht, oder der Durchschnitt anderer Investmentfonds mit ähnlicher Anlagestrategie. Auch die Kostenstruktur spielt bei Morningstar eine Rolle. Top-Fonds erhalten vier oder fünf Sterne, während sich die durchschnittlichen Anbieter mit drei Sternen und die schlechten mit einem oder zwei Sternen begnügen müssen.

Ähnliche Analysen führt die Stiftung Warentest durch, die in ihrer Zeitschrift *Finanztest* monatlich aktualisierte Fonds-Dauertests veröffentlicht. Hierbei wird nicht nur die Rendite berücksichtigt, sondern auch die Schwankungsintensität.

Allerdings haben die Bewertungssysteme auch ihre Schwachstellen. So kann beispielsweise ein Personalwechsel im Fondsmanagement eine Änderung der Anlagestrategie nach sich ziehen. Ob sich dies für die Anleger in der Zukunft als Vor- oder Nachteil erweist, kann zum Zeitpunkt des Wechsels keine Ratingagentur vorhersagen. Auch kann es durchaus vorkommen, dass eine in der Vergangenheit erfolgreiche Anlagestrategie ab einem bestimmten Zeitpunkt Verluste bringt, weil sich Trends an der Börse geändert haben.

 **Tipp: Kaum Vergleichsaufwand bei Indexfonds**

Recht einfach ist die Auswahl des passenden Produktes bei Indexfonds. Weil diese Fonds einen Index abbilden und nur minimal davon abweichen, sollten Sie in erster Linie der Verwaltungsgebühren als Messlatte wählen und als Index einen breit gefächerten Index wie beispielsweise den EuroStoxx oder den MSCI-Weltaktienindex bevorzugen.

## Worauf Sie bei staatlich geförderten Sparprodukten achten sollten

Wenn Sie »mit der Riester-Rente von ABC jetzt die maximale Förderung erhalten« oder sich »beim Bausparen mit der XYZ Bausparkasse die volle Wohnungsbauprämie« sichern können, sollten Sie hellhörig werden. Denn gerade die staatlich geförderten Anlageprodukte werden oftmals bewusst missverständlich dargestellt – und der oberflächliche Leser glaubt, dass er den höchsten Zuschuss vom Staat nur bei einem bestimmten Anbieter bekommt.

Das ist natürlich ein Trugschluss: Egal bei wem Sie einen Riester-Sparplan oder ein anderes Anlageprodukt mit staatlicher Förderung abschließen, es gelten immer dieselben Förderkriterien. Damit sollten Sie sich beim Vergleich nicht von staatlichen Zuschüssen, sondern von produktbezogenen Kriterien wie Kosten und Ertrag leiten lassen.

### Bausparen

Beim Vergleich von Bausparverträgen kommt es auf drei Kriterien an: den Guthabenzins, den Kreditzins und die Nebenkosten. Schon beim Vertragsabschluss werden Guthaben- und Kreditzins über die gesamte Laufzeit festgeschrieben, wobei der Kreditzins meist rund zwei Prozentpunkte über dem

Darlehenszins liegt. Wenn Sie bei der Zuteilungsreife kein Darlehen in Anspruch nehmen, erhalten Sie bei manchen Anbietern einen Bonuszins – das ist für diejenigen interessant, die das Bausparen als reines Sparprodukt einsetzen wollen.

Außer den Zinsen sind die Gebühren beim Bausparen ein wichtiges Merkmal, da sie den Ertrag unter Umständen deutlich schmälern können. Insbesondere sollten Sie auf die folgenden Gebührenposten achten:

**Abschlussgebühr.** Diese Gebühr beträgt je nach Anbieter rund 1 bis 1,6 Prozent der Bausparsumme und wird dem Vertrag gleich zu Beginn belastet. Manche Bausparkassen schreiben die Abschlussgebühr wieder gut, wenn der Sparer auf die Inanspruchnahme des Darlehens verzichtet.

**Kontoführungsgebühr.** Nur noch wenige Institute verlangen eine monatliche Gebühr für die Führung des Vertrags, deren Höhe durch die Aufsummierung der scheinbar geringen Einzelbeträge nicht unterschätzt werden sollte.

**Darlehensgebühr.** Weitere Gebühren – bis zu 2 Prozent der Darlehenssumme – können bei der Aufnahme des Bausparkredites fällig werden. Wenn Sie den Bausparvertrag als Finanzierungsinstrument einsetzen wollen, sollten Sie eine eventuell vorgesehene Darlehensgebühr unbedingt in den Vergleich mit einbeziehen.

### Riester- und Rürup-Verträge

Hier kommt es darauf an, ob es sich um Sparen mit Fonds, Versicherungssparplänen oder Banksparplänen handelt. Unabhängig vom ausgewählten Produkt gelten dieselben Förderkriterien, sodass Sie sich auf die Kosten und Erträge konzentrieren können.

Am einfachsten ist der Vergleich von Riester-Banksparplänen. Die Banken bieten in aller Regel eine variable Verzinsung, die sich an Marktzinsen wie beispielsweise dem LIBOR (Marktzins für kurz- bis mittelfristige Geldanlagen) orientiert. Davon müssten Sie eventuell anfallende Kontoführungsgebühren abziehen. Weitere Bearbeitungsgebühren werden meist dann in Rechnung gestellt, wenn Sie während der Sparphase den Anbieter wechseln oder den Vertrag auflösen.

Beim Fondssparen mit Riester- oder Rürup-Förderung sollten Sie prüfen, in welche Einzelfonds das Geld investiert wird und wie hoch die zusätzlichen Verwaltungsgebühren für die Vertragsführung sind. Beim Vergleich der Einzelfonds gelten dieselben Kriterien wie beim klassischen Fondssparen.

Schwer zu vergleichen sind Versicherungssparverträge, weil hier die Vertriebs- und Verwaltungskosten so speziell verrechnet werden, dass Sie nicht nachprüfen können, welcher Anteil Ihrer Sparrate am Ende auch wirklich investiert wird.

Weil jedoch Versicherungen bei der Ertragsprognose mit dem gesetzlich geregelten Garantiezins von 2,25 Prozent kalkulieren, können Sie sich mit einem Umweg behelfen. Der Garantiezins bezieht sich nämlich ausschließlich auf den tatsächlich am Kapitalmarkt investierten Anteil der Einzahlungen. Dadurch hat die Versicherung, die bei sonst identischen Vorgaben wie Ratenhöhe und Laufzeit das höchste Endguthaben und die höchste Garantierente aufweist, die niedrigsten Nebenkosten.

> **\* Wichtig!**
>
> Manche Anbieter wollen Ihnen Fondssparpläne verkaufen, bei denen statt des üblichen Ausgabeaufschlags eine hohe Abschlussgebühr in den ersten Sparjahren berechnet werden soll. Solche Vertragsvarianten sind nicht empfehlenswert, weil Sie bei einer vorzeitigen Stilllegung oder einer Reduzierung der Sparraten die bereits gezahlten Gebühren nicht wieder gutgeschrieben bekommen.

> **[ ] Tipp: Testergebnisse nutzen**
>
> Die Stiftung Warentest nimmt in regelmäßigen Abständen die Anbieter von Riester- und Rürup-Sparplänen unter die Lupe. Die Ergebnisse finden Sie entweder in der Zeitschrift *Finanztest* oder als kostenpflichtigen Download auf der Internetseite www.test.de.

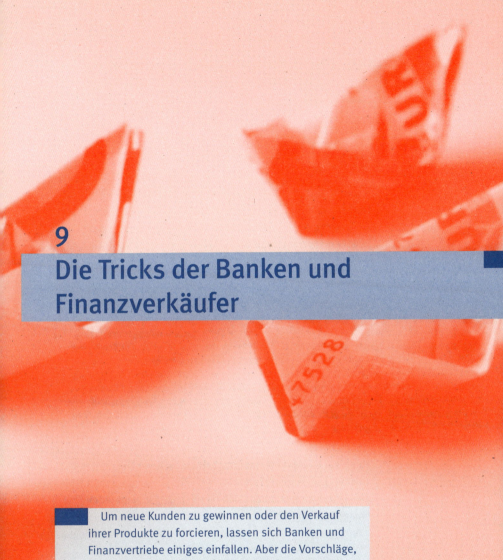

# 9
# Die Tricks der Banken und Finanzverkäufer

Um neue Kunden zu gewinnen oder den Verkauf ihrer Produkte zu forcieren, lassen sich Banken und Finanzvertriebe einiges einfallen. Aber die Vorschläge, die dabei herauskommen, sind nicht immer seriös. Denn es geht den Marketingstrategen nicht darum, dem Kunden das für ihn optimale Finanzprodukt anzubieten, sondern um die Maximierung des Gewinns für das eigene Unternehmen. Diesen Gewinn bezahlt der Kunde – entweder in Form von zu niedrigen Erträgen, zu hohen Verlustrisiken oder gut versteckten Nebenkosten.

## Wer von den »Superangeboten« wirklich profitiert

### Der Koppeltrick

5 Prozent Zinsen fürs Tagesgeldkonto, wenn die Konkurrenz nur 2 Prozent bezahlt? Das gibt es immer wieder, aber Schnäppchen sind solche Offerten lange nicht. Der Trick besteht darin: Den Extrazins gibt es nur für einen kurzen Zeitraum unter der Bedingung, dass noch ein weiteres Anlageprodukt – in der Regel ein Investmentfonds – erworben wird.

> **Beispiel**
>
> Nehmen wir an, dass die Bank drei Monate lang einen um drei Prozentpunkte höheren Tagesgeldzins als marktüblich unter der Bedingung zahlt, dass die Hälfte des angelegten Gelds in einen bestimmten Aktienfonds investiert wird. Wer das Angebot annimmt, hat aufs Jahr gerechnet einen Zinsvorteil von 0,75 Prozentpunkten, da der Extrazins nach drei Monaten ausläuft. Dafür muss für den Aktienfonds ein Ausgabeaufschlag von 5 Prozent gezahlt werden – das macht für die Bank einen Gewinn von 4,25 Prozent, weil sie den kompletten Ausgabeaufschlag als Verkaufsprovision erhält. Für den Anleger wäre es dagegen günstiger, wenn er auf den Extrazins verzichten und einen Aktienfonds bei einer Direktbank oder einem Discountbroker erwerben würde, wo er möglicherweise den kompletten Ausgabeaufschlag einsparen würde.

Zu dieser Kostenfalle kommt noch ein weiterer Nachteil bei solchen Lockvogel-Offerten. Angesichts der vermeintlich attraktiven Zinsen macht sich nämlich längst nicht jeder Anleger darüber Gedanken, ob er zu diesem Zeitpunkt überhaupt Investmentfondsanteile kaufen sollte – und dann liegen plötzlich Fondsanteile im Depot, die überhaupt nicht zur Finanz- und Lebensplanung passen.

### Die Trendmasche

Modetrends gibt es nicht nur bei Kleidern und Frisuren, sondern auch auf dem Kapitalmarkt. Ob Internet, Telekommunikation, regenerative Energie, Rohstoffe, Schwellenländer, Logistik, Biotechnologie oder Infrastruktur: Alle paar Monate »entdecken« Anlegermagazine und Börsenbriefe Marktentwicklungen, die scheinbar weit überdurchschnittliche Renditen verheißen. Kurze Zeit später bringen dann die Banken und Investmentgesellschaften mit viel Marketinggetöse die passenden Anlagezertifikate und Fonds auf den Markt.

Gerne werden dabei hohe Wertzuwächse der vergangenen Monate als Beleg für die Werthaltigkeit des neuen Trends ins Feld geführt – doch diese Gewinne resultieren nur allzuoft schlichtweg daraus, dass immer mehr Anleger die jeweiligen Aktien kaufen und dadurch die Kurse in die Höhe treiben. Bis die privaten Kleinanleger einsteigen, sind jedoch oftmals die Gewinne bereits gelaufen, und schon bald nach der Lancierung von Fonds und Zertifikaten folgen ernüchternde Kurseinbrüche.

Lassen Sie sich daher von Modetrends nicht beeindrucken, und konzentrieren Sie sich bei der Fondsanlage auf möglichst breit streuende Fonds mit günstiger Kostenstruktur und solider Gewinnhistorie.

**Versicherungs- und Riester-Hopping**
Wenn sogenannte Finanzoptimierer oder vermeintlich »unabhängige« Anlageexperten ins Haus kommen, bieten sie oft eine kostenlose Serviceleistung an: Sie prüfen, ob die bestehenden Lebens- und Rentenversicherungen noch etwas taugen. Und wundersamerweise stellt sich dann oft heraus, dass der »Experte« eine Versicherung bieten kann, die eine viel bessere Rendite bringt.

Altverträge werden gekündigt, neue Verträge werden abgeschlossen. Und wenn der nächste Finanzverkäufer kommt, geht das Spiel von vorn los – bis sich irgendwann der Verbraucher wundert, warum er mit seinen Sparverträgen auf keinen grünen Zweig kommt. Doch die Finanzvertriebe haben ihren Gewinn längst in der Tasche, weil mit jeder Umschichtung Vertriebsprovisionen gezahlt werden, die gerade in den ersten Sparjahren das Anlagekonto von Versicherungs- und Riester-Sparern weit überdurchschnittlich belasten.

Dazu eine konkrete Zahl: Rund eine Million Riester-Verträge sind seit der Einführung des Riester-Sparens wieder gekündigt worden. Sicherlich ist ein Teil davon auf persönliche Gründe wie beispielsweise den Wechsel vom Angestelltendasein in die Selbstständigkeit zurückzuführen. Aber ein großer Teil der Kündigungen dürfte daraus resultieren, dass aggressive Finanzverkäufer nach dem Prinzip der verbrannten Erde Provisionen generieren. Koste es, was es wolle – für den Kunden.

### Verkauf im Verwandten- und Bekanntenkreis

Eine Vertriebsschiene, die gern für den Verkauf unseriöser Geldanlageangebote genutzt wird, ist der sogenannte Strukturvertrieb, der von seinen Vertretern neudeutsch als »Network Marketing« bezeichnet wird. Es handelt sich hierbei um Vertriebsorganisationen, die streng hierarchisch aufgebaut sind. Innerhalb der Hierarchie gilt das Prinzip »Je weiter oben man steht, desto mehr lässt sich verdienen«. Das Fußvolk der haupt- und nebenberuflichen Verkäufer kommt bei diesem Geschäft mit recht bescheidenen Provisionen am schlechtesten weg und muss deshalb entsprechend hohe Umsätze machen, um überhaupt leben zu können.

Die neuen »Anlageexperten« werden in den Verkaufsschulungen erst einmal dazu aufgefordert, die Namen aller Bekannten und Verwandten aufzuschreiben, die als Zielgruppe infrage kommen könnten. Diese werden später von den Verkäufern abgegrast, wobei der Neueinsteiger entweder den Kontakt zwischen Bekannten und Anbieter selbst herstellt oder der Hinweis auf eine mit ihm bestehende Geschäftsbeziehung als Türöffner dient.

> **\* Wichtig!**
>
> Selbst wenn Ihnen der Vermittler glaubhaft nachweist, dass er selbst sein Geld in die angebotene Anlageform investiert hat, spricht das nicht unbedingt für ein gutes Angebot. Oftmals sind die nichtsahnenden Verkäufer selbst den unseriösen Anbietern aufgesessen und werden von diesen als Werkzeug für weitere Geschäfte missbraucht. Da sie von dem, was sie anbieten, absolut überzeugt sind und Gewissensbisse deshalb nicht den Verkauf behindern können, sind solche Mitarbeiter für die Betreiber des Strukturvertriebs häufig besonders wertvoll.

## Wo der Totalverlust droht

Scharlatane und Betrüger sind äußerst kreativ, wenn es darum geht, mit klangvollen Namen und verlockenden »Anlagekonzepten« arglosen Anlegern das Geld aus der Tasche zu ziehen. Auch wenn häufig gutverdienende Selbstständige im Visier von Finanzgaunereien sind, zählen doch immer wieder auch Kleinanleger zu den Opfern von unseriösen Finanzgeschäften.

### Schneeballsysteme

Renditen von 50 Prozent im Jahr oder sogar noch mehr – das versprechen Anbieter von Schneeballsystemen. Die Masche ist ebenso einfach wie kriminell: Die zur Auszahlung kommenden hohen Renditen der Altkunden werden größtenteils aus den Einzahlungen der Neukunden gespeist. Das funktioniert, solange die Zahl der Neukunden Tag für Tag wächst. Aber beim ersten Wachstumsknick bricht das System zusammen, weil die Einzahlungen neuer Anleger nicht mehr für die Auszahlung der vermeintlichen Gewinne reichen. Doch wenn es so weit ist, dann sind die Anlagebetrüger meist mit den kassierten Abschlussprovisionen und dem verbliebenen Anlagekapital über alle Berge. Zurück bleiben vor allem die arglosen Verkäufer, die häufig nichtsahnend ihre Freunde und Verwandten um deren Ersparnisse gebracht haben und sich nun mit den rechtlichen Konsequenzen auseinandersetzen müssen. Oft sind die Verkäufer selbst ebenso geschädigt, weil sie hohe Summen eigenen Geldes in das scheinbar »todsichere« System gesteckt haben.

### Bankgarantien

Alle paar Jahre wieder geistern Bankgarantien oder »Letters of Credit« durch den grauen Kapitalmarkt. Die Verkäufer stellen die Anlage wie folgt dar: Zur Absicherung von großen Geschäften würden Banken Garantien ausstellen, die zumeist mit den englischen Fachbegriffen SLC (Standby Letters of Credit), PBN (Prime Bank Promisory Notes) oder PBG (Prime Bank

Guaranties) bezeichnet werden. Mit diesen Papieren dürften die Banken allerdings selbst nicht handeln. Daher würden Makler zum Verkauf der Papiere eingeschaltet. Die Schnelligkeit der Transaktionen und das geringe Aufgeld, mit dem die Papiere weiterverkauft würden, ermöglichen angeblich hohe Renditen. Ausdrücklich wird immer wieder die Sicherheit dieser Geschäfte betont. Es handle sich nur um Papiere von »Prime Banks« (Banken mit gutem Ruf). Damit sei diese Anlage zu 100 Prozent abgesichert. Aber das sind Lügengeschichten – denn in Wirklichkeit gibt es keinen Handel mit Bankgarantien. Es gibt zwar Garantien in Form von Bankbürgschaften, doch diese lassen sich nicht über irgendeinen Makler auf andere Banken oder gar Privatleute übertragen. Die eindrucksvollen Dokumente sind schlichtweg gefälscht, die »Treuhandkonten« sind nur Zwischenstationen zur Umbuchung des Geldes in irgendeine Bananenrepublik, und das Geld der Anleger verschwindet im Nirwana.

## Finanzagenten

Die zunehmende Verbreitung des Internets hat dazu geführt, dass Finanzbetrüger vermehrt online auf Opfersuche gehen. Besonders beliebt ist dabei eine Masche, bei der per E-Mail Finanzagenten angeworben werden. Wer sich registrieren lässt, bekommt auf sein Girokonto einen Betrag von meist mehreren tausend Euro überwiesen. Das Geld soll dann über einen Bargeld-Transferdienstleister wie Western Union an einen anonymen Empfänger telegrafiert werden, der meist in einschlägig bekannten Ländern wie den ehemaligen Sowjetrepubliken ansässig ist. Als Lohn für die Dienste werden Provisionen von 5 bis 10 Prozent in Aussicht gestellt und auch bezahlt.

Auf diese Masche sollten Sie nicht hereinfallen, auch wenn es zunächst nicht den Anschein hat, dass man mit solchen Geschäften Geld verlieren könnte. Allerdings handelt es sich bei den Geldtransfers nicht um redlich erworbene Beträge, sondern meist um Diebesbeute aus Online-Betrügereien, die mit

Hilfe argloser Schnäppchenjäger ins Ausland geschafft werden soll. Damit machen sich die Transfer-Helfer der Beihilfe zur Geldwäsche schuldig und können sich im Fall einer Anklage durch den Staatsanwalt nicht mit Unwissenheit herausreden.

Das bestätigt ein Urteil eines Berliner Amtsgerichts. Dort wurde ein Finanzagent zu sechs Monaten Haft auf Bewährung verurteilt, weil er 7.000 Euro in die Ukraine transferiert und dabei 490 Euro Provision eingestrichen hatte. Das Geld stammte aus der Beute einer Phishing-Betrugsaktion. Angesichts der ungewöhnlichen Konstellation hätte der Beklagte erkennen müssen, dass es sich um krumme Geschäfte handle, so die Richter in ihrer Urteilsbegründung.

## 10
# Die besten Regeln für Ihren Erfolg

Nach der Lektüre dieses Ratgebers wissen Sie nun, welche Finanzprodukte empfehlenswert und welche überflüssig sind, wie Sie auch als Kleinanleger Ihre Finanzen durchdacht planen können und vor welchen Fallen Sie sich hüten sollten. Wie sich dieses Wissen auch bei der Anlage kleinerer Beträge langfristig auszahlt, zeigen einfache Beispielrechnungen: Wenn Sie aufgrund von Kostenvorteilen und sorgfältigem Angebotsvergleich 15 Jahre lang jährlich zwei Prozentpunkte mehr Gewinn erzielen können, bringt Ihnen dies bei einem Sparplan mit einer Monatsrate von 50 Euro am Ende fast 1.500 Euro mehr Guthaben. Bei einer Einmalanlage von 1.000 Euro liegt die Differenz nach 15 Jahren bei knapp 350 Euro.

Wichtig ist, dass Sie Wissen und Information konsequent in die Praxis umsetzen und jede finanzielle Entscheidung nüchtern und kühl kalkulierend abwägen. Die folgenden Erfolgsregeln helfen Ihnen dabei, mit überschaubarem zeitlichen Aufwand Ihre Finanzen effizient zu planen.

### Regel 1: Agieren statt reagieren

Wenn Sie in die Bankfiliale zur Beratung gehen, weil man Ihnen Werbepost zu einem besonders verlockenden Angebot geschickt hat, haben Sie schon so gut wie verloren. Wenn die Bank die Beratungsinitiative ergreift, steht als Motivation in aller Regel der Verkauf von bestimmten Anlageprodukten dahinter. Daher sollten Sie unabhängig von Bankangeboten Ihre Finanzen selbst unter die Lupe nehmen und prüfen, wo Handlungsbedarf besteht. Dann haben Sie eine Grundlage um aktiv den Verlauf der Bankberatung steuern zu können.

### Regel 2: Feste Zeitpunkte für die Finanzplanung setzen

Legen Sie einen bestimmten Zeitpunkt im Jahr fest – beispielsweise die Zeit zwischen Weihnachten und Neujahr –, an dem Sie einen Kassensturz machen und Ihre Finanzplanung auf den Prüfstand stellen. So vermeiden Sie, dass Fehlentwicklungen länger andauern und Ihnen dadurch die Finanzen aus dem Ruder laufen.

### Regel 3: Suchen Sie unabhängigen Rat

Bankberater, Versicherungsvertreter und Mitarbeiter von Finanzvertrieben leben davon, dass beim Abschluss von Geldanlageprodukten Provisionen gezahlt werden. Wirklich unabhängigen Rat ohne Verkaufsdruck erhalten Sie nur in der Honorarberatung, die unter anderem von den Verbraucherzentralen angeboten wird. Hier erhält der Berater für seine Leistung vom Kunden ein Honorar und verzichtet im Gegenzug ausdrücklich auf die provisionsgebundene Vermittlung von Kapitalanlagen.

### Regel 4: Nie unter Zeitdruck entscheiden

Was auch immer eine Bank oder ein Finanzdienstleister anbietet: Unterschreiben Sie im Beratungsgespräch keine Verträge, sondern lassen Sie sich die Unterlagen aushändigen und nehmen Sie sich ein paar Tage Zeit für die Prüfung und den Vergleich mit Konkurrenzofferten. Wenn Sie unsicher sind, sollten Sie das Angebot von einer Verbraucherzentrale prüfen lassen.

### Regel 5: Im Zweifelsfall auf Nummer sicher gehen

Wenn Sie nicht ganz genau verstanden haben, wie ein Ihnen angebotenes Anlageprodukt funktioniert und welche konkreten Verlustrisiken damit verbunden sind, sollten Sie lieber darauf verzichten. Eine zu stark sicherheitsorientierte Ausrichtung Ihres Vermögens bringt Ihnen im schlimmsten Fall nur eine Renditeeinbuße, während zu viel Risikofreude herbe Verluste verursachen kann.

### Regel 6: Nicht alles verplanen

Sowohl beim monatlich verfügbaren Einkommen wie auch bei der Aufteilung Ihres Vermögens sollten Sie Freiraum lassen, damit Änderungen in der Berufs- oder Lebenssituation nicht gleich Ihre komplette Finanzplanung durcheinanderbringen.

### Regel 7: Schuldentilgung ist die beste Geldanlage

Solange Sie Schulden haben, etwa wegen einer Baufinanzierung oder eines Anschaffungsdarlehens, sollte – mit Ausnahme einer ausreichenden Liquiditätsreserve – deren Tilgung absoluten Vorrang haben. Keine Geldanlage bringt bei absoluter Risikofreiheit eine so hohe Rendite wie eingesparte Kreditzinsen.

Service

## Adressen der Verbraucherzentralen

**Verbraucherzentrale Baden-Württemberg e. V.**
Paulinenstraße 47, 70178 Stuttgart
Telefon 07 11/66 91-10, Fax 07 11/66 91-50
www.verbraucherzentrale-bawue.de

**Verbraucherzentrale Bayern e. V.**
Mozartstraße 9, 80336 München
Telefon 0 89/5 39 87-0, Telefax 0 89/53 75 53
www.verbraucherzentrale-bayern.de

**Verbraucherzentrale Berlin e. V.**
Hardenbergplatz 2, 10623 Berlin
Telefon 0 30/2 14 85-0, Fax 0 30/2 11 72 01
www.verbraucherzentrale-berlin.de

**Verbraucherzentrale Brandenburg e. V.**
Templiner Straße 21, 14473 Potsdam
Telefon 03 31/2 98 71-0, Fax 03 31/2 98 71-77
www.vzb.de

**Verbraucherzentrale des Landes Bremen e. V.**
Altenweg 4, 28195 Bremen
Telefon 04 21/1 60 77-7, Fax 04 21/1 60 77-80
www.verbraucherzentrale-bremen.de

**Verbraucherzentrale Hamburg e. V.**
Kirchenallee 22, 20099 Hamburg
Telefon 0 40/2 48 32-0, Fax 0 40/2 48 32-2 90
www.vzhh.de

**Verbraucherzentrale Hessen e. V.**
Große Friedberger Straße 13–17,
60313 Frankfurt am Main
Telefon 01805/97 20 10*, Fax 0 69/97 20 10-50
www.verbraucher.de

**Neue Verbraucherzentrale in Mecklenburg und Vorpommern e. V.**
Strandstraße 98, 18055 Rostock
Telefon 03 81/2 08 70 50, Fax 03 81/2 08 70 30
www.nvzmv.de

**Verbraucherzentrale Niedersachsen e. V.**
Herrenstraße 14, 30159 Hannover
Telefon 05 11/9 11 96-0, Fax 05 11/9 11 96-10
www.vzniedersachsen.de

**Verbraucherzentrale Nordrhein-Westfalen e. V.**
Mintropstraße 27, 40215 Düsseldorf
Telefon 02 11/38 09-0, Fax 02 11/38 09-1 72
www.vz-nrw.de

**Verbraucherzentrale Rheinland-Pfalz e. V.**
Seppel-Glückert-Passage. 10, 55116 Mainz
Telefon 0 61 31/28 48-0, Fax 0 61 31/28 48-66
www.vz-rlp.de

**Verbraucherzentrale des Saarlandes e. V.**
Trierer Straße 22, 66111 Saarbrücken
Telefon 06 81/5 00 89-0, Fax 06 81/5 00 89-22
www.vz-saar.de

**Verbraucherzentrale Sachsen e. V.**
Brühl 34–38, 04109 Leipzig
Telefon 03 41/69 62 90, Fax 03 41/6 89 28 26
www.vzs.de

**Verbraucherzentrale Sachsen-Anhalt e. V.**
Steinbockgasse 1, 06108 Halle
Telefon 03 45/2 98 03-29, Fax 03 45/2 98 03-26
www.vzsa.de

**Verbraucherzentrale Schleswig-Holstein e. V.**
Andreas-Gayk-Straße 15, 24103 Kiel
Telefon 04 31/5 90 99-10, Fax 04 31/5 90 99-77
www.vz-sh.de

**Verbraucherzentrale Thüringen e. V.**
Eugen-Richter-Straße 45, 99085 Erfurt
Telefon 03 61/5 55 14-0, Fax 03 61/5 55 14-40
www.vzth.de

**Verbraucherzentrale Bundesverband e. V.**
Markgrafenstraße 66, 10969 Berlin
Telefon 0 30/2 58 00-0, Fax 0 30/2 58 00-2 18
www.vzbv.de

\* Festnetzpreis 0,14 €/Minute;
  Mobilfunkpreis maximal 0,42 €/Minute.

# Stichwortverzeichnis

## A
Abschlussgebühr 25, 106 f.
Agio ⇢ Darlehensgebühr
Aktienfonds
  ⇢ Investmentfonds
Altersrente, lebenslange 60
Altersvorsorge 51, 91, 93 f.
  ⇢ Riester- und Rürup-Rente
-, betriebliche 58 ff.
-, private 54 ff.
- Besteuerung, nachgelagerte 93
- Sparen, unternehmens- oder arbeitnehmerfinanziertes 58 ff.
Altverträge 111
Anlagedauer 96
Anlagesicherheit 7, 68
Anlegerschutz, reduzierter 13
Anleihenzins 42
Anschaffungen 87, 90 ff., 95
Ansparphase 26, 58, 63, 93
Arbeitnehmer-Sparzulage 65 ff., 68
Arbeitslosengeld II (»Hartz IV«) 61
Ausgabeaufschlag 7, 37, 44, 65, 101 ff., 107, 110
Auslandsbanken 13
Ausgaben 86 ff.
Auto 88 f., 95

## B
Bankenpleite 12 ff.
Bankgarantien 113 ff.
Baukredit 56, 66 f., 88
Bausparen 24 ff., 56, 69, 105
- Bausparkasse 11 ff., 17, 24 ff., 106
- Bausparvertrag 24 ff., 55 f., 66, 95, 106

Berufseinsteiger-Bonus 53
Besteuerung, nachgelagerte
  ⇢ Altersvorsorge
Bonität 41 ff., 73
Bonuszahlungen 22 f., 26, 106
Bundesverband deutscher Banken (BdB) 12 f.
Bundeswertpapiere 27 ff., 35, 78, 95
- Bundesanleihe 33
- Bundesobligationen 28, 33 f.
- Bundesschatzbrief 31 ff., 99
- Tagesanleihe 30 f.

## D
Dachfonds
  ⇢ Investmentfonds
Darlehensgebühr (Agio) 25, 106
Daueremission 28, 33
Dauerzulagenantrag 54
Depotgebühr 6 f., 28, 103 f.
Deutsche Finanzagentur 28 ff., 32
Direktanlage 81
Direktbank 39, 81, 95, 103, 110
Direktversicherung ⇢ Altersvorsorge, betriebliche
Direktzusage ⇢ Altersvorsorge, betriebliche
Durchschnittszins 99

## E
Einkommen 23, 54, 58 f., 64 ff., 93, 96, 119
Einlagensicherung 12 ff., 25, 78, 80, 100
Einmalanlage 5 ff., 18 f., 20, 31, 39, 94, 98, 103
Einnahmen 86 ff.

Einzahlungen 54 f., 59 ff., 64, 107, 113
EONIA-Zinssatz 30 f.
Erziehungsgeld 87
Euroland-Aktienfonds
  ⇢ Investmentfonds
Europa-Aktienfonds
  ⇢ Investmentfonds
Euro-Rentenfonds
  ⇢ Investmentfonds
Extrazins 110

## F
Festgeld 17 f., 32 f., 94 f., 99
Festzins 20 f., 33, 42, 98 f.
Feuerwehrfonds 12, 62
Finanzagenten/-verkäufer 109 ff.
Finanzplanung 96, 118 f.
Finanzverkäufer 109 ff.
Fixgebühr 102
Fonds, geschlossene 78 f.
Fondsgebühren
  ⇢ Investmentfonds
Fondsgesellschaft
  ⇢ Investmentfonds
Fondsmanagement, aktives und passives
  ⇢ Investmentfonds
Fondsrating
  ⇢ Investmentfonds
Fondssparen
  ⇢ Investmentfonds
Fondssparplan
  ⇢ Investmentfonds

## G
Garantiezins 63, 76, 107
Geldmarktfonds
  ⇢ Investmentfonds
Genossenschaftsbanken 12

## Service

Gewährträgerhaftung
→ Sparkassen
Gewinnbeteiligung 78, 101 f.
Grundzulage 52 ff.
Guthabenzins 105

**H**
Haftungsverbund
→ Genossenschaftsbanken
Hartz IV → Arbeitslosengeld II
Hausbank 29, 100, 103
Haushaltsbuch 86 ff.
Honorarberatung 118
Hopping-Falle
→ Riester-Rente

**I**
Immobilienfonds, offene
→ Investmentfonds
Investmentfonds 35 ff., 49,
  56, 78, 82, 95, 100 f.
- Aktienfonds 7, 38 ff., 47 f.,
  65 ff., 69, 91, 94 f., 100 f.,
  110
- Dachfonds 48 ff.
- Euroland-Aktienfonds 50,
  101
- Europa-Aktienfonds 40
- Euro-Rentenfonds 43
- Fondsgebühren 101
- Fondsgesellschaft 36 ff.,
  44, 56,
- Fondsmanagement, aktives
  und passives 39 f., 46,
  101 f.
- Fondsrating 104
- Fondssparen 56, 107
- Fondssparplan 95, 107
- Geldmarktfonds 43 f., 101 f.
- Immobilienfonds, offene
  44 ff., 50, 92, 101
- Indexfonds 39, 105
- Mischfonds 46 ff., 95
- Nebenwerte-Fonds 39 f.
- Nischenfonds 40
- Rentenfonds 41 ff., 102

- Rohstoff-Fonds 73
- Schwellenländer-Fonds 40
- Standardwerte-Fonds 39

**K**
Kapitalgarantie 78
Kinderfreibetrag 65
Kindergeld 65, 87 f.
Kinderzulage 52 ff.
Kleinanleger 5, 28, 96, 111 ff.
Kontoführungsgebühr 106
Koppeltrick 110
Kursrisiko 33 f.

**L**
Lebenshaltungskosten 87 f.
Lebensversicherung, kapital-
  bildende → Versicherungen
Leibrente, lebenslange 63
Leistungszusage 58 f.
LIBOR 107
Liquidität 12, 45, 90 ff., 94

**M**
Magisches Dreieck 93
Management Fee 101
Marktzinsen 16, 21, 34, 42
Mindestanlagesumme 14 ff.,
  18, 30 ff.
Mindestgebühren 28
Mindestsicherung 13
Mischfonds
  → Investmentfonds

**N**
Nebenkosten 97 ff., 105 ff.
Nebenwerte-Fonds
  → Investmentfonds
Network-Marketing
  → Strukturvertrieb
Niedrigzinsphasen 98 f.
Nischenfonds
  → Investmentfonds

**P**
Pensionsfonds 58 ff.
Performance Fee 101
Prime Banks 114
Privatbanken 12
Privatplatzierungen 79 ff.
Prolongation 17

**Q**
Qualitätsfonds 104

**R**
Ratensparplan 99 f.
Ratensparvertrag 21 ff., 68, 95
Rendite 7, 18 f., 94, 99 ff.
- Tarife 26, 66
Rentenfonds
  → Investmentfonds
Rentenversicherung 41, 52 ff.,
  63, 68 f., 92, 111
  → Altersvorsorge/Riester-
  Rente/Rürup-Rente
Riester-Rente 52 ff., 57, 93
- Hopping-Falle 57, 111
- Riester-Banksparen 55,
  106 f.
- Riester-Fallen 56
- Riester-Produkte 54 f.
- Riester-Vertrag 53, 56 f., 95,
  106 f.
Rohstoffe (als Anlage) 72 f.
Rohstoff-Fonds
  → Investmentfonds
Rürup-Rente 63 ff., 93, 95,
  106 ff.

**S**
Schneeballsystem 113
Schnellspartarif 24
Schuldentilgung 96, 119
Schwellenländer-Fonds
  → Investmentfonds
Selbstständige 52, 63 f., 113
Sicherungssystem 12 f., 25,
  62
Sonderausgaben 54, 65 ff.

Sondervermögen, geschütztes
37
Sparbrief 18 ff., 94 f., 98 ff.
Sparbuch ⤳ Sparkonto
Spareckzins 14
Sparen, unternehmens- oder
    arbeitnehmerfinanziertes
    ⤳ Altersvorsorge
Sparerpauschbetrag 92
Sparkassen 12 f., 68, 98
Sparkonto 14 ff., 95, 99
Sparplan 32, 37 ff., 76, 90,
    95, 104 ⤳ Investmentfonds,
    Fondssparplan
Sparrate 88, 107
Sparziele 90 ff.
Sperrfrist 20, 31, 66
Staatsanleihen 41, 55, 82
Standardwerte-Fonds
    ⤳ Investmentfonds
Steuern 92 ff.
- Steuerrückerstattung 54
- Steuervergünstigungen 63,
    92 ff.
Strafzins 15
Strukturvertrieb 112

**T**
Tagesanleihe
    ⤳ Bundeswertpapiere
Tagesgeldkonto 15 ff., 23, 30 f.,
    44, 94 f.
Tagesgeldzins 31, 110
Todesfallschutz 76
Top-Fonds 104
Totalverlust 113 ff.
Treuhandkonten 114

**U**
Überweisungsgebühren 16
Unterstützungskasse 58, 61 ff.
Unverfallbarkeit 60

**V**
Vergleichsportal 100
Vermögensbildung 69, 91, 94
Vermögenswirksame
    Leistungen (vL) 26, 64 ff., 68
Versicherungen
- Lebensversicherung, fonds-
    gebundene 76 f.
- Lebensversicherung, kapital-
    bildende 68 f., 76, 92
- Versicherungs-Hopping 111
- Versicherungspolice 77
- Versicherungssparen 55 ff.,
    68, 76 f., 92
- Versicherungssparvertrag
    55, 107
Verwaltungsgebühr 28, 37,
    44, 49, 100 ff., 105 ff.
Vorschusszins ⤳ Strafzins

**W**
Wachstumssparen 20
Wechselkurse 42 ff.
Wohnungsbauprämie 26, 67 f.

**Z**
Zertifikate 73, 77 ff.
Zinsauszahlung 18 ff., 97
- jährliche Ausschüttung 18
- Zinsansammlung 19
Zinseszins 19, 98 f.
Zinsgutschrift 19, 93
Zinsvorteil 13, 80, 110
Zulagenfalle 57
Zuwachssparen 98

## Impressum

### Herausgeber

**Verbraucherzentrale Nordrhein-Westfalen e. V.**
Mintropstraße 27, 40215 Düsseldorf
Telefon: 02 11/38 09-555, Fax: 02 11/38 09-235
E-Mail: publikationen@vz-nrw.de
www.vz-nrw.de

### Mitherausgeber

**Verbraucherzentrale Bundesverband e. V.**
Markgrafenstraße 66, 10969 Berlin
Telefon: 0 30/2 58 00-0, Fax: 0 30/2 58 00-2 18
www.vzbv.de

**Verbraucherzentrale Baden-Württemberg e. V.**
Paulinenstraße 47, 70178 Stuttgart
Telefon: 07 11/66 91-10, Fax: 07 11/66 91-50
www.verbraucherzentrale-bawue.de

**Verbraucherzentrale Hamburg e. V.**
Kirchenallee 22, 20099 Hamburg
Telefon: 0 40/2 48 32-0, Fax: 0 40/2 48 32-2 90
www.vzhh.de

**Verbraucherzentrale Niedersachsen e. V.**
Herrenstraße 14, 30159 Hannover
Telefon: 05 11/9 11 96-0, Fax: 05 11/9 11 96-10
www.vzniedersachsen.de

| | |
|---|---|
| Text | Thomas Hammer, Ötisheim |
| Fachliche Betreuung | Barbara Rück, Bochum |
| Lektorat | Mendlewitsch + Meiser, Düsseldorf |
| | Mitarbeit: Lisa Korte |
| Koordination | Wolfgang Starke |
| Umschlaggestaltung | Ute Lübbeke, www.LNT-design.de |
| Layout und Produktion | Petra Soeltzer, Düsseldorf |
| Titelbild | Getty Images |
| Fotos Innenteil | Fotolia |
| Druck | VVA GmbH/Wesel Kommunikation, Baden-Baden |
| | gedruckt auf 100% Recyclingpapier |

Redaktionsschluss: 18. März 2010

# Noch Fragen?

*Unser Plus für Sie!*

## Die Beratung der Verbraucherzentralen

Hoffentlich haben Ihnen die Informationen in diesem Ratgeber weitergeholfen. Wenn Sie noch Fragen haben … Die Expertinnen und Experten der Verbraucherzentrale beraten Sie individuell, kompetent und unabhängig:
- in Ihrer Beratungsstelle vor Ort,
- am Telefon oder
- im Internet

**! Wir beraten zum Beispiel zu:**
- Banken und Geldanlagen
- Baufinanzierung
- Energie
- Ernährung
- Haushalt, Freizeit, Telekommunikation
- Kreditrecht, Schuldner- und Insolvenzverfahren
- Patientenrechte und Gesundheitsdienstleistungen
- Reiserecht
- Versicherungen

**www.**

Unter www.verbraucherzentrale.de finden Sie das vollständige Beratungsangebot in Ihrem Bundesland.

Oder Sie nehmen direkt Kontakt mit Ihrer Verbraucherzentrale auf: Die Adressen finden Sie auf Seite 122.

Nutzen Sie unser Beratungsangebot und treffen Sie mit unserer Unterstützung die richtigen Entscheidungen. Wir sind für Sie da!

## Die Ratgeber der Verbraucherzentralen

### Die Riester-Rente |1|

Der Ruf der Riester-Rente ist gut! Hier erfahren Sie, wie die staatlich geförderte private Altersvorsorge funktioniert und welche Riester-Produkte es gibt – mit einem Vergleich privater und betrieblicher Vorsorgeprodukte. So finden Sie den richtigen Vertrag.

2. Auflage 2009, 128 Seiten, 7,90 €

### Altersvorsorge richtig planen |2|

Mit vermeintlich lukrativen Angeboten zur Altersvorsorge locken Banken, Anlageberater, Versicherungen und Immobilienverkäufer – und die Verunsicherung ist größer denn je. Dieses Einmaleins der Altersvorsorge bietet unabhängigen, profunden Rat.

1. Auflage 2010, 272 Seiten, 12,90 €

### Vorsorge selbstbestimmt |3|

Wer sichergehen will, dass im Fall der Fälle Entscheidungen im eigenen Sinn getroffen werden, sollte für seine Angehörigen wichtige Informationen wie persönliche Daten, Patientenverfügung, Angaben zum Erbvertrag usw. bereithalten. Das Vorsorgehandbuch bietet verlässliche Informationen, erprobte Formulare, Muster und Checklisten.

2. Auflage 2010, ca. 200 Seiten, inkl. CD-ROM, 14,90 €

### Das Haushaltsbuch |4|

Das »Unternehmen Haushalt« ist von komplizierten Abläufen und Verpflichtungen geprägt. Mit dem Haushaltsbuch bekommen Sie einen Überblick über Einnahmen und Ausgaben und viele Tipps zum Thema Geld sparen und verwalten.

16. Auflage 2009, 88 Seiten, DIN A4, 5,90 €

### Richtig versichert |5|

Eine Menge Geld wird für überflüssige und zu teure Versicherungen verpulvert. Dieser Ratgeber informiert Sie, welche Versicherungen Sie wirklich brauchen – im Beruf und Privatleben, bei der Altersvorsorge, beim Immobilienbesitz oder auf Reisen – und welche Sie getrost kündigen können. Außerdem nennt er Ihnen für jede Versicherungssparte empfehlenswerte Anbieter.

22. Auflage 2008, 280 Seiten, 12,90 €

### Finanzratgeber für Alleinerziehende |6|

Alleinerziehend – das bringt für viele auch finanzielle Engpässe und Probleme mit sich, neben den Belastungen im Job, den Verpflichtungen im Haushalt und in der Kindererziehung. Welche Ansprüche habe ich, welche Behörde ist zuständig? Der Ratgeber bietet praktische Hilfestellungen für alleinstehende Mütter (und Väter!) und ist ein Leitfaden im Dschungel der finanziellen Ratlosigkeit.

1. Auflage 2008, 192 Seiten, 9,90 €

### Nichteheliche Lebensgemeinschaften |7|

Immer mehr Paare leben in einer nichtehelichen Lebensgemeinschaft zusammen, doch die rechtlichen Verstrickungen werden oft erst im Konfliktfall erkannt. Wem gehört was? Wen treffen welche Rechte und Pflichten? Wie kann der Partner erbrechtlich geschützt werden? Was gilt im Versicherungsfall? Diese und viele andere Fragen beantwortet dieser neue Ratgeber.

1. Auflage 2008, 204 Seiten, 9,90 €